Los Nombres de Dios

Los Nombres de Dios

Lester Sumrall

Whitaker House Español

Traducción al español realizada por:
Belmonte Traductores
Manuel de Falla, 2
28300 Aranjuez
Madrid, ESPAÑA
www.belmontetraductores.com

LOS NOMBRES DE DIOS
Publicado originalmente en inglés bajo el título:
The Names of God

ISBN: 978-1-60374-231-3
Impreso en los Estados Unidos de América

Whitaker House
1030 Hunt Valley Circle
New Kensington, PA 15068
www.whitakerhouse.com

Por favor, envíe sugerencias sobre este libro a:
Comentarios@whitakerhouse.com.

Contenido

CAPÍTULO 1

¿IMPORTA EL NOMBRE?

El gran poeta William Shakespeare una vez planteó esta pregunta:

> ¿Importa el nombre? Aquello que llamamos rosa
> Con cualquier otro nombre tendría la misma
> dulce fragancia.

Y la mayoría de las personas en la actualidad estarían de acuerdo. Nuestra sociedad moderna no le da mucha importancia al significado de los nombres. Los padres normalmente llaman a sus hijos como otros de sus seres queridos o como personas muy conocidas. A veces escogen un nombre para su hijo meramente porque "suena bien". Pero raras veces se detienen a pensar en lo que significa el nombre.

Sin embargo, los nombres sí tienen significado. Idealmente, se corresponden directamente con aquel a quien el nombre designa. Por ejemplo, ¿sabía que el nombre *Kenneth* viene de la palabra griega que significa "saber"? Por tanto, una persona llamada Kenneth debiera ser alguien entendido o informado. Como el nombre *Diana* viene de la palabra griega que significa "de un dios", una muchacha con este nombre se supone que debe ser "simplemente divina" en su belleza o en otras cualidades.

Los nombres de otras personas están derivados de palabras del antiguo griego, latín, escandinavo u otros idiomas. Y la mayoría de esos nombres tienen un significado especial.

Lo mismo ocurre con los nombres de los lugares. Por ejemplo, probablemente sepa que el nombre de *Filadelfia* significa "ciudad de amor fraternal". Viene de la palabra griega *fileo* ("amar") y *delfos* ("ciudad"). El nombre de *Jerusalén* significa "ciudad de paz", y está derivado de la palabra hebrea *shalom* ("paz"). Probablemente haya algún significado detrás del nombre de su pueblo o ciudad.

Lo que quiero decir con esto es sencillo: aunque puede haber sido correcto que Shakespeare le haya restado importancia al significado del nombre, no deberíamos tomar los nombres tan a la ligera. A menudo, un nombre nos da una pista importante de la naturaleza de una persona o lugar.

Ciertamente ocurre lo mismo con Dios. La Biblia se refiere a Dios con muchos nombres distintos, y cada uno de ellos revela algún aspecto importante del carácter de Dios o de su relación con nosotros. Los traductores que nos dieron la versión King James y otras versiones inglesas de la Biblia simplemente tradujeron su nombre como "Dios" o "Señor"; pero curiosamente, en los manuscritos originales se usan varios nombres griegos o hebreos. Si quiere usted llegar a ser un estudiante serio de la Palabra de Dios, debería familiarizarse con esos nombres griegos y hebreos, porque contienen abundante verdad acerca del Dios maravilloso al que servimos.

El carnet de identidad de Dios

Durante siglos, las personas no conocieron el nombre de Dios. Quizá esto sea una sorpresa para usted, pero es cierto. Cuando Dios hablaba con Adán y Eva en el huerto del Edén, no les era necesario saber su nombre

Durante siglos, las personas no conocieron el nombre de Dios.

porque le conocían íntimamente. No tenían necesidad de invocarle en oración porque Él estaba con ellos todos los días. Después le desobedecieron y fueron expulsados del huerto, viéndose forzados a tener que vivir con el sudor de su frente y el trabajo de sus manos. Ellos y sus descendientes comenzaron a ofrecer sacrificios y a invocarle en oración.[1] De hecho, Génesis 4:26 dice que no fue hasta el nacimiento del nieto de Adán, Enos, cuando los hombres comenzaron a "*invocar el nombre de Jehová*". La Biblia dice que Adán tenía 130 años cuando nació Set (véase Génesis 5:3), y Set tenía 105 años cuando nació su hijo Enos (véase Génesis 5:6). Así, durante más de doscientos años, a pesar de la Caída, los hombres y las mujeres no vieron necesario invocar a Dios por su nombre. Eran aún conscientes de su presencia.

¡A menudo desearía que pudiéramos volver a obtener ese estado íntimo de comunión con el Señor! En mi propia vida de oración, a veces me he llegado a sentir muy cerca de Él, tan cerca que no fue necesario ofrecerle ninguna oración formal. Fue suficiente con estar en su presencia. La Biblia dice: "*Acercaos a Dios, y él se acercará a vosotros*" (Santiago 4:8), y ese es el tipo de experiencia que Él me ha dado en oración. Sin embargo, ninguno de nosotros ha vuelto a tener un grado de intimidad con el Señor que nos permita adorarle de corazón a corazón, como lo hacía la familia de Adán.

Pablo sabía que un día se encontraría con Dios, y afirmó: "*Pero entonces conoceré como fui conocido*" (1 Corintios 13:12). Todos nosotros ansiamos ese día, pero por el momento estamos limitados por nuestras imperfecciones humanas y las distracciones de este mundo carnal. Debemos cerrar la puerta de nuestros cuartos de oración y enfocar nuestros pensamientos en Dios si queremos tener comunión con Él. La raza humana ha tenido que orar así desde los días de Enos.

La humanidad cayó en profunda corrupción en los siglos posteriores a Adán. Finalmente, Dios tuvo que destruir la mayoría de la raza humana con un diluvio universal, salvando sólo a un hombre piadoso llamado Noé y su familia en un último esfuerzo por salvar a la humanidad. La Biblia dice que cuando las aguas desaparecieron y el gran arca de madera de Noé reposó sobre el monte Ararat, él salió del arca y edificó un altar y ofreció sacrificios a Dios (véase Génesis 8:18–21). Quería establecer un nuevo comienzo para la raza humana, y empezó adorando a Dios.

Siglos después, Dios le habló a un hombre piadoso llamado Abram y le invitó a salir de su tierra natal (lo que ahora es Irán) y viajar a Canaán. Tan pronto como Abram llegó a esa tierra, también edificó un altar y ofreció sacrificios a Dios (véase Génesis 12:7).

Observe lo importante que era adorar a Dios para aquellos hombres. Cada uno de ellos celebraba los grandes eventos de su vida edificando un altar, quemando sacrificios sobre él y alabando a Dios. La adoración era una forma de vida para ellos. Sin embargo, Dios tenía que recordarles una y otra vez quién era Él.

Dios puso un arco iris en el cielo para recordarle a Noé que Él era un Dios benevolente y que nunca volvería a destruir la tierra con agua (véase Génesis 9:14–17). Cuando Abram adoró, Dios le dijo: "*No temas, Abram; yo soy tu escudo, y tu galardón será sobremanera grande*" (Génesis 15:1). También le dijo: "*Yo soy Jehová, que te saqué de Ur de los caldeos, para darte a heredar esta tierra*" (versículo 7). Finalmente le dijo: "*Yo soy el Dios Todopoderoso; anda delante de mí y sé perfecto*" (Génesis 17:1). Era como si Dios tuviera que presentar su carnet de identidad cada vez que hablaba con ellos, porque seguían olvidando quién era Él.

"El Dios al que adoraron mis padres"

Cuando el nieto de Abraham, Jacob, soñó con una escalera que llegaba al trono del cielo, Dios le dijo: "*Yo soy Jehová, el Dios de Abraham tu padre, y el Dios de Isaac* [padre de Jacob]; *la tierra en que estás acostado te la daré a ti y a tu descendencia*" (Génesis 28:13).[2] Dios ya le había prometido la tierra a Abraham y sus descendientes; ahora cumpliría esa promesa a Jacob y su familia.

Dios tuvo que seguir recordándole a Jacob quién era Él.

Pero Dios tuvo que seguir recordándole a Jacob quién era Él. Cuando Jacob fue a trabajar para su tío Labán en la tierra de Harán, Dios le habló en otro sueño y le dijo: "*Yo soy el Dios de Bet-el, donde tú ungiste la piedra, y donde me hiciste un voto. Levántate ahora y sal de esta tierra, y vuélvete a la tierra de tu nacimiento*" (Génesis 31:13).[3] Sin embargo, cuando Jacob habló con Dios, observe cómo se refería a Él: "*Si el Dios de mi padre, Dios de Abraham y temor de Isaac*" (versículo 42) y "*El Dios de Abraham y el Dios de Nacor juzgue entre nosotros, el Dios de sus padres*" (versículo 53).

Si alguna vez conoció Jacob el nombre de Dios, ¡pareciera habérsele olvidado! Se refirió a Él sólo como "el Dios al que siempre adoraron mis padres".

Me temo que esa es la única forma en que muchas personas identifican hoy a Dios. "Sí, conozco a Dios", dicen. "Mis padres le han adorado toda su vida. Él y yo no tenemos una relación personal, pero mis padres sí". Sin embargo, hay una gran diferencia entre conocer a Dios y saber *de* Dios. Alguien que conoce a Dios sólo como "el Dios al que adoraron mis padres", simplemente conoce cosas *acerca* de Dios. Tenemos que tener una relación tan estrecha con Él que caigamos de rodillas y digamos con Tomás: "*¡Señor mío, y Dios mío!*" (Juan 20:28).

Por supuesto, Jacob quizá se refirió a Dios como "el Dios de Abraham y de Isaac" en señal de respeto. Quizá hubiera estado subrayando el hecho de que Dios había sido fiel a sus antepasados y también era fiel a él. Algunos comentaristas bíblicos interpretan de ese modo las palabras de Jacob.

Pero creo que la "trayectoria" espiritual de Jacob dice lo contrario. Él era un hombre astuto y engañador que engañó a su hermano mayor para quedarse con la primogenitura y se marchó con parte de los rebaños de su tío. Solamente en tiempos de crisis vemos que Jacob acudía a Dios. El hermano de Jacob, Esaú, supo que regresaba a casa y salió a recibirle. Jacob estaba desesperado. Le suplicó al "*Dios de mi padre Abraham, y Dios de mi padre Isaac, Jehová, que me dijiste: Vuélvete a tu tierra*" (Génesis 32:9). Jacob aún usaba unos términos muy formales con Dios, no eran términos amigables.

Sólo después de que la fe de Jacob hubiera sido probada mucho más, fue cuando se le apareció Dios de nuevo y dijo: "*No se llamará más tu nombre Jacob, sino Israel será tu nombre*" (Génesis 35:10). El nombre hebreo *Israel* literalmente significa "gobernando con Dios".

> *También le dijo Dios: Yo soy el Dios omnipotente: crece y multiplícate; una nación y conjunto de naciones procederán de ti, y reyes saldrán de tus lomos.* (versículo 11)[4]

Dios no sólo le dio a Jacob un nuevo nombre, sino que también le reveló más de su propia naturaleza divina. Reveló que Él era todopoderoso y capaz de hacer todo lo que había prometido. Así que su promesa de sacar "*una nación y conjunto de naciones*" de este hombre no era una promesa casual.

Llevaba la autoridad de un Dios omnipotente, un Dios en quien Jacob había comenzado a confiar.

"DILES QUE 'YO SOY EL QUE SOY' TE ENVIÓ"

Le estoy dando un breve repaso de la temprana relación de Dios con la humanidad para que pueda ver cómo los individuos intentaron percibir a Dios. A veces, las personas tenían un nombre especial para Dios (como veremos en los siguientes capítulos); otras veces sólo podían referirse a Dios en términos de algo que Él había hecho por ellos. En todo ello, la humanidad intentaba alcanzar a Dios, con el fin de entender quién era y que debía ser adorado. Vemos que esto ocurrió más intensamente unos cuatrocientos años después de la muerte de Jacob (o Israel), cuando Dios llamó a un hombre llamado Moisés a sacar a los descendientes de Jacob de Egipto.

Moisés mismo era un israelita que huyó de Egipto después de haber matado a un oficial egipcio. Estaba cuidando las ovejas de su suegro en los páramos escarpados del desierto de la península del Sinaí cuando Dios se le apareció. Para asegurarse de que Moisés le reconociera por quién era, Dios se apareció en una zarza que ardía sin consumirse. ¡Esa señal fue suficiente para atraer la atención de un pastor! Así, Moisés dijo: "*Iré yo ahora y veré esta grande visión, por qué causa la zarza no se quema*" (Éxodo 3:3). Y al acercarse a la zarza, oyó a Dios en medio de ella, diciendo: "*Quita tu calzado de tus pies, porque el lugar en que tú estás, tierra santa es*" (versículo 5).

Dios le explicó a Moisés que previamente se había aparecido a Abraham, Isaac y Jacob (véase versículo 6). Después le encomendó a Moisés la tarea de regresar a Egipto y confrontar al Faraón mismo para pedirle que liberase a los esclavos israelitas.

Moisés tenía miedo. Intentó ponerle excusas a Dios, y dijo: "*He aquí que llego yo a los hijos de Israel, y les digo:*

El Dios de vuestros padres me ha enviado a vosotros. Si ellos me preguntaren: ¿Cuál es su nombre?, ¿qué les responderé?" (Éxodo 3:13). Esa era la prueba suprema de las intenciones de Dios. Si realmente Dios quería un trato con Moisés, tendría que revelar su nombre, o de lo contrario, Moisés entendería que la relación con Dios sería algo informal. Sólo podría conocer a Dios "de lejos", y quizá Dios le abandonaría cuando las cosas se pusieran difíciles.

Pero Dios le dio a Moisés un nombre, diciéndole: "*Así dirás a los hijos de Israel: Yo Soy me envió a vosotros*" (versículo 14). La palabra hebrea (*yhwh*) que Dios le dio es un rompecabezas, incluso en la actualidad, para los eruditos bíblicos. No tiene una traducción simple y clara. La traducción que más se acerca es "Yo soy el que soy". En el capítulo siguiente exploraremos lo que significaron estas palabras para los israelitas cuando Moisés les llevó el mensaje. Pero observe las ganas que tenía Moisés de poder identificar a Dios. Quería conocer el nombre de Dios porque el nombre le diría algo sobre la naturaleza misma de Dios.

Moisés quería conocer el nombre de Dios porque el nombre le diría algo sobre la naturaleza misma de Dios.

Un nombre, no un "pomo"

Varias autopistas principales convergen en South Bend. Tenemos mucho tráfico de camiones pesados en nuestra ciudad, parte del cual pasa por delante de la iglesia Christian Center, que yo pastoreo. Los camioneros han desarrollado su propia jerga para nosotros en la banda de radio civil, y les oigo de vez en cuando usando algunos de sus términos de la banda civil en los restaurantes.

Un término de la banda civil muy común es "pomo". Los camioneros usan esa palabra cuando quieren conseguir el nombre de otro camionero que pasa por allí. Dicen: "¿Cuál es tu pomo?".

Me imagino que usan "pomo" porque eso es lo que el nombre hace para ellos: les permite acceder a alguien que conocen. Para usar un antiguo cliché, un nombre les permite "la entrada" a sus amigos.

Si alguna vez visita las Filipinas y oye a las tribus de la jungla invocando la ayuda de sus dioses, descubrirá que los nombres de los dioses supuestamente tienen poderes mágicos. Esas personas creen que cuando invocan el nombre de cierto dios, él debe acudir y conceder sus peticiones, ¡quiera o no quiera! Como muchos paganos, creen que un dios es un tipo de siervo sobrenatural que corre a ayudarles en el momento en que ellos hacen sonar sus dedos.

Pero el Dios verdadero no es así. Él es el Dios soberano del universo, y espera que nosotros le sirvamos, ¡y no al revés! Así que cuando invocamos el nombre de Dios, estamos usando un "pomo" para acercarnos a Él. Él nos ayudará sólo si hemos guardado sus mandamientos; hará efectiva sus promesas sólo si hemos cumplido las condiciones que expresan esas promesas.

Dios es el soberano del universo, y espera que nosotros le sirvamos, ¡y no al revés!

En el día de Pentecostés, Pedro dijo: "*Y todo aquel que invocare el nombre del Señor, será salvo*" (Hechos 2:21). Tres mil personas lo hicieron. Cuando los apóstoles Pedro y Juan se encontraron con un cojo en la puerta del templo, le dijeron: "*En el nombre de Jesucristo de Nazaret, levántate y anda*" (Hechos 3:6), y el hombre lo hizo. El testimonio de Pedro fue: "*Y por la fe en su nombre* [Jesús]... *ha dado a éste esta completa sanidad*" (Hechos 3:16). Más adelante, los apóstoles le pidieron a Dios: "*Mientras extiendes tu mano para que se hagan sanidades y señales y prodigios mediante el nombre de tu santo Hijo Jesús*" (Hechos 4:30), y se produjo un terremoto en el lugar donde estaban reunidos (véase versículo 31).

No fue magia. Aquellos hombres no estaban manejando a Dios usando su "pomo". ¡De ningún modo! Recibieron la bendición de Dios sólo porque eran obedientes a Dios en todo lo que hacían, incluyendo su manera de orar. Dios les enseñó a orar en su nombre, y eso es lo que se espera de nosotros que hagamos como seguidores de Jesucristo. Pero eso en sí mismo no fuerza a Dios a hacer nada en contra de su voluntad, ni tampoco le fuerza a bendecir a alguien que no merezca una bendición.

Cuando los israelitas llegaron a la orilla del mar Rojo en su huída, Moisés les ordenó quedarse quietos e invocar al Señor para que luchara contra el ejército egipcio que los perseguía. Sin embargo, Dios no hizo lo que Moisés le pidió, porque tenía en mente un plan mejor. "*Entonces Jehová dijo a Moisés: ¿Por qué clamas a mí? Di a los hijos de Israel que marchen*" (Éxodo 14:15). Por tanto, Moisés ordenó a su pueblo que corriera hacia el mar, y Dios abrió las aguas para que pudieran pasar por tierra seca.

Cuando los ejércitos paganos de Hai derrotaron a los israelitas, Josué se arrojó al suelo y dijo:

> *¡Ah, Señor Jehová! ¿Por qué hiciste pasar a este pueblo el Jordán, para entregarnos en las manos de los amorreos, para que nos destruyan? ¡Ojalá nos hubiéramos quedado al otro lado del Jordán! ¡Ay, Señor! ¿qué diré, ya que Israel ha vuelto la espalda delante de sus enemigos?*
>
> (Josué 7:7–8)

Pero Dios veía la situación de manera diferente.

> *Y Jehová dijo a Josué: Levántate; ¿por qué te postras así sobre tu rostro? Israel ha pecado, y aun han quebrantado mi pacto que yo les mandé; y también han tomado del anatema, y hasta han hurtado, han mentido, y aun lo han guardado entre sus enseres. Por esto los hijos de Israel no podrán hacer frente a sus enemigos, sino que delante de sus enemigos volverán la espalda, por cuanto han venido a ser anatema; ni estaré más con vosotros, si no destruyereis el anatema de en medio de vosotros.*
>
> (Josué 7:10–12)

Dios no bendice a las personas que siguen aferradas a sus pecados. Como pastor, hablo con muchas personas que esperan que Dios les trate bien, aunque le desobedecen a menudo. Piensan que Dios es una especie de "Santa Claus" que les dará todo lo que desean sin importar lo que ellos hagan. Pero están equivocados, ya que Dios no se deja persuadir fácilmente. A Dios no le engaña la gran labia de las personas que le prometen la luna pero que nunca cumplen. Él no es un Dios necio.

Él bendice a las personas si cumplen sus condiciones, no sólo porque clamen a Él. Como dice Billy Graham:

> Hay una cosa que el amor de Dios no puede hacer. No puede perdonar al pecador que no se arrepiente.... Dios no forzará a nadie en contra de su voluntad. Una persona puede oír un mensaje sobre el amor de Dios y decir: "No, no lo quiero", y Dios le dejará que siga siendo esclavo de su pecado.[5]

Así ocurre con la oración de una persona desobediente. Puede que esa persona le pida a Dios e intente reclamar la promesa de Dios. Sin embargo, mientras permanezca en desobediencia, ese individuo no puede esperar ayuda alguna, ya que a Dios no le manejan los antojos de los hombres. Él nunca hará a un lado su propia voluntad para hacer la nuestra.

Una bendición, no una maldición

Aunque algunas personas usan el nombre de Dios cuando oran, otros usan su nombre para maldecir. Parecen pensar que el nombre de Dios hace aumentar el peso de sus rabietas. Pero no lo hace; de hecho, demuestra lo poco que conocen de Dios.

Si quienes maldicen en el nombre de Dios realmente le conocieran, sabrían que Él dijo: "*No tomarás el nombre de Jehová tu Dios en vano; porque no dará por inocente Jehová al que tomare su nombre en vano*" (Éxodo 20:7). Este es uno de los Diez Mandamientos que más se quebranta, porque la gente no sabe lo que significa.

Es un tipo de actitud arrogante que dice: "Yo soy mejor que nadie".

La palabra *vano* normalmente significa "orgullo egoísta" o "engreimiento". Cuando decimos que una persona es vana, queremos decir que esa persona está hinchada de orgullo. Es un tipo de actitud arrogante que dice: "Yo soy mejor que nadie".

"Tomar el nombre de Dios en vano" significa usar su nombre para su propio propósito egoísta. Algunas personas hacen juramentos informales en el nombre de Dios, como si Dios pusiera su autoridad en las palabras de ellos. Dicen: "Dios sabe que he hecho esto y aquello". ¡Qué vanidad! Otros exclaman: "¡Dios mío!" a la mínima provocación, como si usaran términos muy afables con Él. ¡Qué engreimiento! Y otros, enojadamente le dicen a Dios que condene a alguien o algo que les molesta en ese momento, como si Dios fuera a obedecer sus órdenes. ¡Qué orgullo tan blasfemo!

Pero hay otra forma más sutil de "tomar el nombre de Dios en vano", una forma que muchos cristianos practican. Es el hábito vano de pronunciar la condenación de Dios contra algo que Dios no condena. Algunos cristianos, incluyendo a algunos predicadores, denuncian cosas en el nombre de Dios que a ellos no les gustan.

Por ejemplo, recuerdo una vez en que muchos predicadores denunciaban que la mujer se cortara el cabello; decían que era una práctica mundana y pecaminosa. Algunos predicadores arengaban a su gente con el "pecado" de tomar café o té. Otros se pronunciaban en contra de las mujeres que usaban lápiz de labios; decían que era "*abundancia de malicia*" (Santiago 1:21).

Ahora bien, no hay nada de malo en denunciar el pecado, mientras la Palabra de Dios realmente diga que eso es pecado. Pero cuando se intenta distorsionar la Palabra de Dios para hacer que *todo lo que a usted no le gusta* sea pecado, está usando el nombre de Dios en vano, al igual que los infieles que juran de la forma más vil por el nombre de Dios. El comentarista bíblico Bo Reicke lo resumió muy bien:

> Desgraciadamente, la lengua de muchos que se denominan a sí mismos cristianos (Santiago 3:9–10) ha asumido una doble función. Con la misma lengua los creyentes bendicen a Dios y maldicen a los hombres, que fueron creados a imagen de Dios.... En su deseo de mostrarse como profetas funestos, creen que es parte del mensaje cristiano pronunciar maldiciones sobre una humanidad degradada.... Hay una diferencia absoluta en cuanto a su clase entre el verdadero mensaje cristiano y la expresión de la lengua venenosa. La amarga insatisfacción

> no tiene nada que ver con el evangelio, y es imposible oscilar entre la una y la otra.[6]

El nombre de Dios es una palabra de bendición, no una maldición. Nunca deberíamos invocar el nombre de Dios para llevar a cabo nuestros fines egoístas, aunque podamos pensar en una "buena" razón que lo justifique. El nombre de Dios es santo. Debería pronunciarse con reverencia. Debería invocarse sólo para los propósitos más puros. El nombre de Dios no debería ser parte de la "conversación informal" de nadie. Tampoco debería ser el "proyectil" de elevado calibre que explota en el aluvión de un predicador contra sus partidos personales. El nombre de Dios es para dar esperanza, sanidad y felicidad a todo el mundo. Asegurémonos de usar su nombre para ese fin.

"Dime ese nombre de nuevo"

Este libro analiza algunos de los nombres hebreos para Dios, nombres usados en el Antiguo Testamento. Pero también deberíamos dar un breve repaso a los nombres del Hijo de Dios, Jesucristo, que es Dios encarnado, Dios hecho carne. Los nombres de Jesús nos dicen mucho acerca de su carácter mientras ministró aquí en la tierra. Podemos extraer mucho consuelo al meditar en los nombres de Jesús, porque nos recuerdan de nuevo su profundo amor por nosotros. Bill y Gloria Gaither escribieron estas hermosas líneas:

> ¡Jesús, Jesús, Jesús!
> ¡Hay algo en ese nombre!
> ¡Señor, Salvador, Jesús!
> Como la fragancia después de la lluvia.

Y ese debería ser el testimonio de cada cristiano, ¿no es cierto? No hay ningún nombre en la tierra que se compare con el nombre de nuestro precioso Jesús, quien murió para salvarnos de nuestros pecados. ¿Cuáles son, por tanto, algunos de los nombres que usa el Nuevo Testamento para referirse a Él?

Jesús. El nombre griego *Jesús* viene del nombre hebreo *Yeshúa*, que significa "Dios el Salvador" o "Dios es salvación". En nuestro Antiguo Testamento en español es el nombre de *Josué*. Este es el nombre más comúnmente usado en el Nuevo Testamento para referirse a Él. Es el nombre que le dio su madre María porque el ángel de Dios le dijo que "*salvará a su pueblo de sus pecados*" (Mateo 1:21).

Cristo. Este nombre griego significa "el Ungido", y es también lo que significa el nombre hebreo *Mesías*. Por eso, cuando la Biblia habla de "Jesucristo", literalmente significa "Jesús el Mesías" o "nuestro Salvador, el Ungido". En tiempos del Antiguo Testamento, los nuevos reyes y profetas eran ungidos con aceite santo para mostrar que Dios les había escogido para un propósito especial. Aunque Jesús no fue (hasta donde sabemos) ungido con aceite al comienzo de su ministerio, fue ungido con el Espíritu Santo de Dios (véase Lucas 3:21–22).

Reyes y profetas eran ungidos con aceite santo para mostrar que Dios les había escogido para un propósito especial.

Emmanuel. En hebreo, este nombre significa "Dios (está) con nosotros". El profeta Isaías anunció que el Mesías prometido de Dios se llamaría así (véase Isaías 7:14), indicando que sería Dios encarnado. Mateo dice que Jesús cumplió esta profecía (véase Mateo 1:23), aunque no se le llamaba comúnmente con este nombre. Quizá fuera porque el judío promedio en tiempos de Jesús no podía entender el milagro de la Encarnación.

Señor. El Nuevo Testamento narra que los discípulos de Jesús le llamaban con diferentes nombres griegos que la *Versión Reina Valera* traduce como "Señor". El más común de ellos era *didaskalos*, que significa "Maestro". Otro era *kurios*, que significa "señor" o "supervisor". El Evangelio de Mateo nos dice que cierto escriba una vez se acercó a Jesús y dijo: "*Maestro* [*didaskalos*], *te seguiré adondequiera que vayas*" (Mateo 8:19). Jesús le respondió: "*Las zorras tienen guaridas, y las aves del cielo nidos; mas el Hijo del Hombre no tiene dónde recostar su cabeza*" (Mateo 8:20). Jesús sabía que si este hombre pensaba que Él era meramente un gran maestro a punto de formar un cuerpo prestigioso de eruditos judíos, quedaría muy decepcionado. Jesús y sus seguidores estaban destinados a sufrir e incluso morir por la verdad que Él vino a proclamar.

Pablo, en su carta a los Colosenses, dijo: "*Amos, haced lo que es justo y recto con vuestros siervos, sabiendo que también vosotros tenéis un Amo* [*kurios*] *en los cielos*" (Colosenses 4:1). Él describió a Jesús como un Amo justo y compasivo que provee para las necesidades más básicas de sus siervos.

Hijo de Dios. Cuando el ángel se le apareció a María y predijo el nacimiento de Jesús, dijo: "*El Santo Ser que nacerá, será llamado Hijo de Dios*" (Lucas 1:35). Los seguidores de Jesús a menudo se dirigían a Él como "el Hijo de Dios" (compare Mateo 16:16; Juan 11:27). Lo mismo hacían los incrédulos (véase Marcos 14:61), e incluso los demonios (véase Lucas 4:41).

Hijo del Hombre. Jesús usaba principalmente este nombre para referirse a sí mismo. Era muy consciente de que Él era tanto hombre como Dios, y quizá quería reforzar la realidad de su encarnación a todos los que le oían. Aunque se autodenominaba el "Hijo del Hombre", Jesús no ocultó su naturaleza y poder divinos. Por ejemplo, cuando Jesús predijo el final de los tiempos, dijo: "*Y entonces lamentarán todas las tribus de la tierra, y verán al Hijo del Hombre viniendo sobre las nubes del cielo, con poder y gran gloria*" (Mateo 24:30). ¡No hay lugar a dudas de que fue un hombre extraordinario! Era y es, a la vez, tanto Hombre como Dios.

Redentor. Con frecuencia usamos este nombre para referirnos a Jesús, ¿pero sabía que no se usa en el Nuevo Testamento? Sólo se encuentra en el Antiguo. La palabra hebrea *gaal* ("redentor") significa literalmente "uno que saca a otro de la cárcel". Job anhelaba el día en el que su Mesías comprase la liberación de su alma de la muerte. Dijo: "*Yo sé que mi Redentor vive, y al fin se levantará sobre el polvo*" (Job 19:25). Se refería, claro está, a Jesucristo.

Job anhelaba el día en el que su Mesías comprase la liberación de su alma de la muerte.

La Biblia tiene muchos otros nombres para Jesús, y cada uno de ellos revela un poco más de su particular carácter y ministerio. No tenemos espacio para examinarlos todos, pero pensé que le gustaría este breve trasfondo de algunos de los nombres más usados para Jesús. Después de todo, Él es el Hijo eterno de Dios hecho carne. Por eso los nombres de Jesús son nombres del Hijo de Dios. Nos dicen algo sobre Aquel que vino a revelarnos a Dios Padre.

Abriendo el tesoro

Desde hace mucho tiempo, a los estudiantes de la Biblia les ha fascinado la función única de los nombres en las Escrituras. Quizá los nombres tengan poca importancia para el hombre de hoy día, pero tuvieron una gran importancia para las personas que vivieron en la época en que se escribió la Biblia. En la introducción de la reconocida concordancia *Analytical Concordance to the Bible* de Robert Young, encontramos este interesante comentario:

> En las Escrituras, un nombre es mucho más que una etiqueta identificativa. Denota la esencia y el carácter de una persona o cosa. Jesús les dijo a sus discípulos: "Y les odiarán todos los hombres por causa de mi nombre...". Es cierto que los cristianos fueron perseguidos por algo más que el nombre literal de Jesús. De igual forma, el salmista a menudo se refiere a aquellos que aman "el nombre del Señor" (ej.: Salmos 5:11), pero sería ridículo pensar que alguien podría amar el nombre del Señor sin amar al Señor mismo.[7]

En más de sesenta años de obra evangelística, he estudiado la Biblia considerablemente. Una y otra vez, me sorprende encontrar nuevas ideas al examinar los nombres de Dios. Cada nombre es como una llave dorada, lista para abrir un tesoro de verdad para la mente que busca.

Por tanto, en las siguientes páginas quiero compartir algunos de los descubrimientos que he hecho en mis estudios. Mi objetivo no es hacer de usted un "intelectual" de la Biblia, que recita frases hebreas para impresionar a sus amigos. La vanidad no es mi propósito, y no debería ser el suyo; pero confío en que se acercará más al Señor mismo al aprender más sobre Él a través de este estudio. Y si usted aún no es una nueva criatura de Dios salvada por la sangre de su Hijo Jesucristo, oro para que este libro le inspire a dar ese paso.

Notas

1. La Biblia no dice específicamente que Adán y Eva ofrecieran sacrificios a Dios. Primero la Biblia nos habla de sacrificios llevados a cabo por sus hijos, Caín y Abel (véase Génesis 4). Pero debemos suponer que los padres enseñaron a sus hijos acerca de Dios y les mostraron cómo adorarle.
2. Dios le dio a Abram un nuevo nombre, Abraham, que literalmente significa "*padre de una multitud*" (Génesis 17:5 NVI). ¡Obviamente, Dios concedía una gran importancia al nombre!
3. Cuando Jacob se despertó de su sueño de la escalera, erigió un altar de piedra y adoró al Señor allí, y lo llamó *Beth-el* (literalmente, "casa de Dios").
4. En el capítulo 5 veremos que esta frase "Dios Todopoderoso" se convirtió en un hombre hebreo para Dios.
5. Billy Graham, *Till Armageddon: A Perspective on Suffering* (Waco, Tex.: Word Books, 1981), pp. 46–47.
6. Bo Reicke, "Las Epístolas de Santiago, Pedro y Judas", *The Anchor Bible*, Vol. 37 (Garden City, N.Y.: Doubleday and Company, 1964), pp. 39–40.
7. Robert Young, *Young's Analytical Concordance to the Bible*, Apocalipsis por William B. Stevenson y David Wimbish (Nashville: Thomas Nelson Publishers, 1980), p. vii.

CAPÍTULO 2

EL SEÑOR
(YAHVÉH/JEHOVÁ)

En el primer capítulo vimos que Dios le dijo a Moisés: *"Así dirás a los hijos de Israel: Yo Soy me envió a vosotros"* (Éxodo 3:14). El nombre hebreo que Dios usó para identificarse a sí mismo aquí, como ya hemos mencionado, es un rompecabezas y un misterio para los eruditos bíblicos incluso en la actualidad. No hay otro nombre como él en toda la antigua literatura hebrea, y los escribas judíos que copiaron los manuscritos de la Biblia pensaban que el nombre era tan santo que ni tan siquiera lo pronunciaban. Lo escribieron sin las vocales, porque nunca debía pronunciarse en voz alta.

El nombre hebreo que Dios usó para identificarse a sí mismo aquí, como ya hemos mencionado, es un rompecabezas y un misterio para los eruditos bíblicos incluso en la actualidad.

Siempre que encuentre el nombre SEÑOR escrito en letras versalitas, como ocurre en las versiones de la *Santa Biblia, Nueva Versión Internacional* y *La Biblia de las*

Américas, representa este nombre que Dios le reveló a Moisés. La Biblia primero menciona este nombre en Génesis 2:4. Moisés escribió los cinco primeros libros de la Biblia (a veces llamados el Pentateuco), probablemente durante los cuarenta años que los israelitas vagaron por el desierto. En ese tiempo, él ya conocía este intrigante nombre de Dios, así que Moisés lo usó para registrar la historia más temprana de la raza humana en Génesis.

¿Qué pistas tenemos para averiguar el significado de este misterioso nombre? En primer lugar, los manuscritos hebreos nos dicen que las consonantes del nombre eran YHWH. Eso es todo. No sabemos con seguridad qué vocales supuestamente iban insertadas en esa palabra; se podría haber pronunciado "Yohwoh" o "Yehwah" o de alguna otra forma. El obispo Clemente de Alejandría, escribiendo en el tercer siglo a.C., observó que el nombre se pronunciaba "Yaoweh". Teodoreto de Chipre, un siglo después, dijo que los samaritanos lo pronunciaban "Yabeh". Los manuscritos del tercer siglo encontrados en Egipto confirman esta última pronunciación.[1] Basados en esta información, los eruditos han llegado a suponer que el nombre de Dios se pronunciaba "Yahvéh".

Pero si los judíos pensaban que este nombre era tan santo que no lo podían pronunciar, ¿qué hacían cuando leían las Escrituras en voz alta? ¿Se saltaban el nombre de Dios?

No, tomaron las vocales del nombre hebreo Adonaí ("Señor") y las insertaron en el nombre YHWH para formar *YaHoWaH*. (Esto se pronuncia "Jehová"). Como esta palabra es realmente una combinación de los nombres hebreos para "Dios" y "Señor", podemos decir sin lugar a duda que significa "Señor Dios".

Suficiente con esta pequeña incursión en la mecánica del hebreo. Aún tenemos por delante una difícil pregunta que contestar: ¿Qué significa el nombre?

La palabra *Yahvéh* viene de un verbo hebreo que significa "ser o estar". Parece que el nombre significaba "Yo Soy". Parece muy simple, pero piense en las hondas implicaciones de ese sencillo nombre.

El Dios que siempre es

La Biblia relata que Abraham hizo un pacto con Abimelec, un gobernante de los cananeos, porque Abimelec vio que Dios bendecía todo lo que Abraham hacía (véase Génesis 21:22). Como parte de su tratado, Abimelec acordó devolverle a Abraham lo que le había robado. Por eso llamaron a ese lugar *Beerseba*, que significa "pozo del juramento". La Biblia dice que Abraham plantó un árbol tamarisco en ese lugar como recordatorio de su tratado, "*e invocó allí el nombre de Jehová Dios eterno*" (versículo 33).

Dios le dijo a Moisés que Él era el Dios que siempre había sido, y que siempre sería. Él era el Dios eterno. A pesar de lo que pudiera ocurrir en el mundo, e incluso en todo el universo, Dios continuaría viviendo y reinando como Dios. En sus notas a la Biblia *The Criswell Study Bible*, el Dr. W. A. Criswell comenta:

> Dios existe de una forma que nadie ni nada más existe. Su naturaleza [suprema] queda expuesta por su existencia siempre presente sin comienzo ni final. Él es el único Dios que existe, y toda la demás existencia depende de la incesante existencia de Él.[2]

Las otras naciones en tiempos de Moisés adoraban a dioses perecederos. Egipto, la nación más poderosa en esa parte del mundo, adoraba animales como monos, cocodrilos, gatos, ¡e incluso cucarachas! Los egipcios pensaban que estos animales e insectos representaban a los dioses del universo. Por ejemplo, el halcón representaba a Re, el dios del sol. Cuando uno de estos animales moría, recibía un entierro muy majestuoso. Los arqueólogos han encontrado cientos de momias de gatos, pájaros momificados y momias de otros animales considerados sagrados. Los egipcios *adoraban* esas cosas. Y sin embargo, sus dioses murieron.

¡Imagine lo radical que debió de haber sido el mensaje de Moisés a su pueblo! Regresó a Egipto desde las planicies resecas por el sol del Sinaí para decirles a los israelitas: "Yo Soy me ha enviado". El Dios que siempre había vivido y siempre viviría, que siempre había sido Dios y que siempre lo sería, había enviado a Moisés.

El mensaje fue tan sorprendente entonces como lo es ahora.

América adora el presente. Los anuncios de televisión intentan convencernos de que cualquier producto nuevo debe ser mejor que todos los de la competencia. Los líderes políticos rastrean el país en busca de caras nuevas cada año electoral, esperando atraer votantes con sus candidatos "nuevos y mejorados". Las familias planifican sus presupuestos cada semana (si es que hacen presupuestos), porque piensan que el presente es lo único que importa. Esa es la mentalidad de la América moderna: vive al máximo hoy, porque quizá no haya un mañana.

Esa es la mentalidad de la América moderna: vive al máximo hoy, porque quizá no haya un mañana.

Por tanto, los americanos en la actualidad son reacios a seguir a un Dios eterno. Les incomoda la idea de que Dios reclame su parte en todos nuestros planes futuros, así como en los del presente. No les gusta hacer un compromiso a largo plazo con nadie; ciertamente, no quieren adorar a nadie. Estas personas quieren una manera de vida desechable, una que puedan arreglar o desechar a su antojo. Por eso tienen un aire despectivo con los ministros de *Yahvéh* que predican la Biblia, como los esclavos israelitas debieron de haber despreciado a Moisés cuando llegó con la promesa de su liberación. ¿Un Dios que no cambia? ¿Un pacto eterno con Dios? ¿Un compromiso con Dios de por vida? ¡Vaya! ¡Eso suena muy raro! Sin embargo, es la petición que el gran "Yo Soy" ha puesto sobre nuestras vidas.

El Dios autosuficiente

Dios nunca fue creado por otro poder mayor. Ninguna mente humana le hizo aparecer. Él no depende de nadie ni de nada para seguir viviendo; Él vivirá para siempre. Un comentarista bíblico lo explica de esta manera:

> "*Yo Soy El Que Soy*" significa que Él existe por sí mismo, el único ser verdadero y fuente de toda realidad; que Él es autosuficiente.[3]

Nosotros, los seres humanos, hablamos de ser autosuficientes, pero no sabemos lo que eso en verdad significa. Durante los primeros años de esta nación, los colonos se adentraron en los bosques Apalaches para construir rudimentarias cabañas de madera y hacer pequeñas granjas en el desierto. Se sintieron autosuficientes. Pero los miembros de la familia seguían dependiendo unos de otros para hacerse ropa, cortar leña, sacar agua, cultivar los campos y hacer todo lo necesario para sostener la vida. Los pioneros realmente no eran autosuficientes.

Hoy día leemos que hay jóvenes familias que han dejado la vida en la ciudad para regresar "a la naturaleza". Han comprado pequeñas parcelas de tierra en el bosque, como hicieron sus antecesores. Ahora están edificando cabañas calentadas con energía solar y cultivando vegetales híbridos. Pero siguen sin ser autosuficientes, ya que dependen unos de otros, y de aquellos que nos hemos quedado en las ciudades, para proveer esos artículos que necesitan para construir sus casas.

Los individuos dependen de otros individuos, las familias dependen de otras familias, y las naciones dependen de otras naciones. Pero Dios no depende de nadie. Él nunca tiene hambre ni tirita de frío. Él nunca morirá de anciano ni sufre por falta de ayuda sanitaria. ¡Él es Dios!

El Dios real

Los charlatanes religiosos han invadido nuestra sociedad. Impostores, curanderos y charlatanes fabrican dioses falsos, o hacen afirmaciones falsas sobre el Dios verdadero, para crear su propia reputación y cosechar un buen beneficio. Quienes se autoproclaman sanadores a menudo piden que la gente les pague grandes sumas de dinero antes de orar por la salud de sus víctimas. "Gurús" con ansias de dinero usan todo tipo de truco imaginable para conseguir beneficios por sus servicios. Y lo consiguen porque el hombre está desesperado por encontrar al Dios verdadero, y por seguirle.

El Dios que le habló a Moisés en la zarza ardiente era real. Dijo que su nombre es "Yo Soy", y no "se supone que debo ser" o "algunos piensan que yo soy". Dios no necesita que nadie haga afirmaciones extravagantes sobre Él. No necesita que le llenen de glamur o de halagos, ni que nadie le promueva. Él será adorado por lo que es, y no por la imagen que alguien pueda inventar acerca de Él.

Cuando el cosmonauta ruso Yuri Gagarin miró a través de la ventana de su cápsula espacial y vio las profundidades del espacio, dijo que no vio a Dios. Sintió que el no haber visto a Dios fue una confirmación de su creencia atea de que Dios es un producto de la imaginación capitalista, una fábula usada para apaciguar a la clase obrera. Los líderes comunistas de Rusia ridiculizaron nuestra fe porque pensaban que era una fantasía. Dijeron: "Si realmente hubiera un Dios, podríamos verle y tocarle, pero no podemos, así que Él no debe de ser real".

La mente de tales personas está tan nublada por la incredulidad que no pueden buscar a Dios objetivamente. Pero si pudieran dejar a un lado sus prejuicios, observarían que muchas cosas en nuestro mundo no se pueden ver, tocar o medir con instrumentos, y aun así sabemos que esas cosas existen.

La mente de tales personas está tan nublada por la incredulidad que no pueden buscar a Dios objetivamente.

Pongamos como ejemplo la fuerza de la gravedad. Nadie diría que la gravedad es un cuento de hadas, ¿pero quién puede *ver* la gravedad? Claro, vemos los *efectos* de la gravedad todos los días. Si tropezamos con una piedra, nos caemos de boca. Si soltamos una bolsa de fruta, se cae al suelo. Si acerca su teléfono hasta el borde de su mesa de despacho, se cae. En la navegación espacial, el efecto de la gravedad (aceleración) se mide en "g (gravitón)". Cuando vemos estas cosas, sabemos que la fuerza de la gravedad está funcionando, pero no podemos ver la gravedad misma; no podemos tocarla, no podemos detectarla ni siquiera con los sensores de movimiento más sofisticados. Sólo podemos observar sus efectos.

De igual forma, no podemos ver, tocar, ni medir a Dios, pero podemos ver los efectos de su actividad en nuestro mundo. Podemos ver las vidas de las personas transformadas cuando se rinden a Él. Podemos ver milagros de sanidad; podemos ver los ciclos maravillosos del mundo natural, que siguen renovándose y preservándose año tras año como si estuvieran guiado por alguna Persona invisible. Sí, podemos ver los efectos de los actos de Dios. Sabemos por su Palabra revelada que son el resultado de la actividad de Él. Por eso sabemos que Él es real.

Moisés no tuvo dudas al respecto. Moisés nunca leyó una solo palabra de las Santas Escrituras (porque aún no se había escrito ninguna), pero pudo ver las llamas que envolvían la zarza. Nunca había oído un sermón, pero pudo oír la voz de Dios. Apenas si podía recordar el testimonio de sus antecesores que habían visto obrar a Dios, y sin embargo vio a Dios hacer grandes milagros ante sus propios ojos. Eso fue suficiente para convencerle de que Dios no era un producto de su imaginación. Como dijo Dios: "Yo Soy".

El Dios inmutable

En la casa donde crecí en Louisiana, nos referíamos a una persona muy anciana diciendo: "Es tan viejo como los montes". Era una forma de hablar, por supuesto; ningún ser humano es tan viejo como las montañas.

Pero Dios sí. De hecho, Él es mucho mayor que las montañas porque Él "Es" desde la eternidad hasta la eternidad. ¡Él hizo las montañas!

Las personas cambian con la edad. El cabello se vuelve gris y se cae, la piel se arruga y se hace más áspera, los huesos se debilitan, y todas las personas moriremos tarde o temprano.

Quizá no nos demos cuenta de ello, pero las "montañas" también cambian continuamente. Los geólogos dicen que las montañas están cambiando por la presión de grandes fuerzas del interior de la tierra. El viento, la lluvia y el hielo las desgastan. Las máquinas de los hombres que mueven la tierra reducen el perfil de las montañas para hacer una autopista o un centro comercial. Todas las montañas cambian con el tiempo.

Pero Dios es más viejo que ningún ser humano, más viejo que cualquier montaña. De hecho, Dios es

Nunca hubo un momento en el que Dios Padre, Hijo y Espíritu Santo no existiera.

"desde el siglo y hasta el siglo" (Salmos 90:2). Nunca hubo un momento en el que Dios Padre, Hijo y Espíritu Santo no existiera, y Dios nunca cambia. Él simplemente "Es".

Esto es bastante difícil de entender en relación con Padre, pero considere por un momento este principio aplicado a Jesús, y la verdad del nombre de Dios *Yahvéh* se convierte en algo incluso más asombroso. Jesús es la segunda persona del trino Dios. Por eso, cuando la Biblia dice que Dios es *"desde el siglo y hasta el siglo"*, también significa que Jesucristo existe *"desde el siglo y hasta el siglo"*. El Hijo eterno del Padre ha vivido desde el comienzo y vivirá para siempre. La Biblia dice de Él:

> *En el principio era el Verbo, y el Verbo era con Dios, y el Verbo era Dios. Este era en el principio con Dios... En el mundo estaba, y el mundo por él fue hecho; pero el mundo no le conoció. A lo suyo vino, y los suyos no le recibieron.*
>
> (Juan 1:1–2, 10–11)

Difícilmente podemos imaginar cómo alguien podía rechazar a Dios hecho carne. Jesús era un hombre común, un vecino; pero era también el Dios eterno. Sin embargo, muchos de los familiares de Jesús hicieron exactamente eso; le rechazaron. Le escupieron y pidieron que fuera crucificado.

> *Mas a todos los que le recibieron, a los que creen en su nombre, les dio potestad de ser hechos hijos de Dios; los cuales no son engendrados de sangre, ni de voluntad de carne, ni de voluntad de varón, sino de Dios. Y aquel Verbo*

> *fue hecho carne, y habitó entre nosotros (y vimos su gloria).* (Juan 1:12–14)

Jesucristo es *Yahvéh,* el Dios que "Es" desde tiempos infinitos antes de que el tiempo existiera. Él es nuestro Maestro y Salvador para siempre.

Y el Espíritu Santo existe desde la eternidad hasta la eternidad. Nunca hubo ni habrá un momento en el que Él no procediera eternamente del Padre. De hecho, Jesús se ofreció al Padre a través del "Espíritu eterno":

> *¿Cuánto más la sangre de Cristo, el cual mediante el Espíritu eterno se ofreció a sí mismo sin mancha a Dios, limpiará vuestras conciencias de obras muertas para que sirváis al Dios vivo?* (Hebreos 9:14)

El Dios completo en sí mismo

Hable con un estudiante universitario sobre los planes profesionales, y obtendrá algunas respuestas interesantes. "Voy a ser médico", dice uno; "Voy a ser ingeniero civil", dice otro; "Voy a vender cosas", dice un tercero, y así. Pero regrese a esas mismas personas diez años después de graduarse de la Universidad, y pregúnteles a qué se dedican. Probablemente las respuestas sean bastante diferentes. El "médico" puede que haya sido veterinario; el "ingeniero civil" quizá sea político; el "vendedor" quizá sea un ejecutivo trabajando en marketing. Ninguno de nosotros sabe lo que nos deparará el futuro; esa es una de las cosas más emocionantes y exasperantes con respecto al ser humano.

Pero nunca ha habido ninguna pregunta sobre lo que Dios Padre, Hijo y Espíritu Santo sería. Dios sólo es lo que desea ser: ¡Dios!

Dios desea ser justo, y lo es. Desea ser misericordioso, y lo es. Desea ser todopoderoso, y lo es. Nada puede impedir que Dios sea lo que quiere ser. Él "Es" Dios, el cumplimiento perfecto de todo lo que Él desea ser.

A finales de los años sesenta y comienzos de los setenta, algunos teólogos prominentes defendieron una nueva enseñanza que llamaban "teología del proceso". El principal impulsor de este nuevo movimiento fue el filósofo Alfred North Whitehead. Una reseña de la obra de Whitehead decía:

> Su Dios no es como el Dios tradicional [de la creencia cristiana], un Ser estático o perfecto, sino que está en proceso. Se está convirtiendo, de modo que tiene algo en común con el Dios viviente de la fe bíblica. Pero los críticos... dudan de que el Dios de Whitehead pueda identificarse con el Dios de la fe cristiana.[4]

Yo mismo ciertamente dudo de las ideas de Whitehead. Si Dios estuviera siempre cambiando, evolucionando en alguna forma mejor de Dios, ¿cómo podríamos estar seguros de nuestra relación con Él? Entonces viviríamos en un mundo de pesadillas donde no podríamos confiar en ninguna de sus leyes naturales. Sin embargo, si Dios quisiera tal anarquía, deberíamos desechar la Santa Biblia. La Palabra de Dios dice con respecto al Hijo que es "*el mismo ayer, y hoy, y por los siglos*" (Hebreos 13:8). La Palabra de Dios es segura. El testimonio del nombre de Dios nos recuerda que Él "Es" todo lo que podríamos esperar que fuera, y todo lo que Él desearía ser. Él "Es" el cumplimiento de su perfecta voluntad. No es un Dios "en proceso", sino un Dios perfecto e inmutable.

MUCHO REVELADO—MUCHO ESCONDIDO

A pesar de todas las perspectivas que podamos discernir al examinar el nombre de Dios *Yahvéh*, debemos admitir que aún no entendemos todo acerca del carácter de Dios. La naturaleza de Dios es mucho más misteriosa de lo que nuestras mentes podrían comprender. Refiriéndose al título *Yahvéh*, un comentarista dice:

> El nombre conserva mucho de su naturaleza oculta a la investigación curiosa y presuntuosa. Por mucho que busquemos, no podemos descubrirlo (cf. Proverbios 30:4).[5]

Y siempre debe ser así con Dios. Cuanto más nos revele de sí mismo, más queda oculto de nuestra vista. Estoy seguro de que cuando Moisés se alejó de la zarza ardiendo, volvió a ponerse las sandalias y regresó con los rebaños de Jetro, aún seguía teniendo muchas preguntas sin responder acerca de Dios. Dios prometió ir con Moisés y su hermano, que actuaría como su traductor, cuando regresaran a Egipto. Sin embargo, había poco más que Moisés supiera sobre Aquel que habló en medio del fuego. Pero Moisés actuó sobre la base de lo que sabía y obedeció a Dios.

Quizá Dios esté intentando cambiar algo en su vida.

Quizá Dios esté intentando cambiar algo en su vida. Quizá le esté diciendo que deje su trabajo actual y se embarque en una nueva aventura que le dará gloria a Él. Quizá Él quiera sanar una relación rota en su familia. Puede que le pida que le entregue una enfermedad incurable para que Él pueda sanarle. Sea lo que sea lo que Él le esté pidiendo, puede que usted dude en obedecerle porque quiere saber más; pero no debería dudar. Si Dios quisiera que esperásemos hasta entenderlo *todo* acerca de Él, ¡nadie le serviría! La mente humana nunca ha podido entender del todo a Dios.

El apóstol Pablo dijo: "*E indiscutiblemente, grande es el misterio de la piedad*" (1 Timoteo 3:16). Incluso cuando intentó explicar "*lo profundo de Dios*" (1 Corintios 2:10), confesó: "*Nadie conoció las cosas de Dios, sino el Espíritu de Dios*" (1 Corintios 2:11). Al final del conocido "capítulo del amor", Pablo dijo: "*Ahora vemos* [a Dios] *por espejo, oscuramente; mas entonces veremos cara a cara. Ahora conozco en parte; pero entonces conoceré como fui conocido*" (1 Corintios 13:12). Sin embargo, la falta de un entendimiento completo de Pablo no le impidió hacer grandes cosas para Dios. Él estuvo listo para obedecer al Padre celestial a pesar de su conocimiento incompleto de Él.

Notas

1. B. W. Anderson, "God, Names of", *The Interpreter's Dictionary of the Bible*, Vol. 2 (Nashville: Abingdon Press, 1962), p. 409.
2. W. A. Criswell, ed., *The Criswell Study Bible* (Nashville: Thomas Nelson Publishers, 1979), p. 75.
3. Francis Davidson, ed., *The New Bible Commentary* (Grand Rapids, Mich.: William B. Eerdmans Publishing Company, 1954), p. 109.
4. William E. Hordern, *A Layman's Guide to Protestant Theology* (New York: The Macmillan Company, 1968), p. 248.
5. Davidson, p. 15.

CAPÍTULO 3

EL SEÑOR ES DIOS (JEHOVÁ-ELOHIM)

Hay un versículo en el relato de la creación que ha dejado perplejos e intrigados a muchos lectores de la Biblia, porque muestra que Dios es más de una persona. Ese versículo está en el primer capítulo de Génesis:

> *Entonces dijo Dios:* ***Hagamos*** *al hombre a* ***nuestra*** *imagen, conforme a* ***nuestra*** *semejanza; y señoree en los peces del mar, en las aves de los cielos.* (Génesis 1:26, énfasis añadido)

Los cristianos entendemos que "hagamos" y "nuestra" se refiere a la Trinidad. El versículo revela que Dios es tres personas en una naturaleza: Padre, Hijo y Espíritu Santo. En los tiempos del Antiguo Testamento, antes del nacimiento de Jesucristo, la gente no entendía como entendemos hoy que Dios es una naturaleza en tres personas. Pero sí sabían que Dios era más de una persona.

El nombre que Él usó para identificarse era *Elohim*. Es un nombre que "refleja majestad y poder divinos".[1] De hecho, los eruditos de la Biblia a menudo lo llaman el "plural de la majestad".[2] A veces la Biblia usa la palabra *elohim* para referirse a un cierto número de "dioses", como los dioses paganos de los cananeos (véase Éxodo 20:3). Pero principalmente, *Elohim* es un nombre adecuado para el único Dios verdadero, que sugiere su singular naturaleza como Dios en tres personas. Sin embargo, el nombre significa más que eso.

¡Misericordia contra justicia!

El erudito judío Samuel Sandmel dice: "Los rabinos antiguos... afirmaban que Elohim enfatizaba la misericordia de Dios, mientras que Yahvéh enfatizaba su estricta justicia".[3] Los rabinos antiguos llegaron a esta conclusión tras comparar pasajes en la Biblia que usan el nombre *Yahvéh* con otros pasajes que usan el nombre *Elohim.* Las siguientes son algunas comparaciones:

Yahvéh

Y dijo Jehová [*Yahvéh*]: *No contenderá mi espíritu con el hombre para siempre, porque ciertamente él es carne; mas serán sus días ciento veinte años.* (Génesis 6:3)

Luego vino a él palabra de Jehová [*Yahvéh*], *diciendo: No te heredará éste, sino un hijo tuyo será el que te heredará.* (Génesis 15:4)

Y Labán le respondió: Halle yo ahora gracia en tus ojos, y quédate; he experimentado que Jehová [*Yahvéh*], *me ha bendecido por tu causa.* (Génesis 30:27)

Elohim

Y los bendijo Dios [*Elohim*], *y les dijo: Fructificad y multiplicaos; llenad la tierra, y sojuzgadla.* (Génesis 1:28)

Entonces Abram se postró sobre su rostro, y Dios [Elohim] habló con él, diciendo.... Y te multiplicaré en gran manera, y haré naciones de ti, y reyes saldrán de ti. (Génesis 17:3, 6)

Y oyó Dios a Lea; y concibió, y dio a luz el quinto hijo a Jacob. (Génesis 30:17)

Parece haber un contraste entre los pasajes que usan *Yahvéh* y los que usan *Elohim*. Pero podríamos citar muchos otros versículos que subrayan la misericordia de Dios y se refieren a Él como *Yahvéh*, junto con otros versículos que subrayan su justicia y le llaman *Elohim*. Por tanto, la teoría de los rabinos sobre estos nombres, aunque tiene cierta razón, no parece del todo precisa.

Entonces ¿qué significa el nombre *Elohim*, en cuanto a Dios se refiere? ¿Por qué le llamamos *Elohim* cuando se podrían usar muchos otros nombres?

Un Dios digno de adoración

Ya le di una pista para responder al comienzo de este capítulo cuando mencioné que el nombre *elohim* hacía referencia a los dioses paganos de los tiempos del Antiguo Testamento. *Elohim* básicamente significa "algo (o alguien) que recibe adoración". Las cosas más veneradas y honradas por el hombre antiguo eran *elohim*.

Las cosas más veneradas y honradas por el hombre antiguo eran *elohim*.

La mayoría de pueblos antiguos adoraban a dioses falsos. Por ejemplo, los cananeos adoraban vacas y corderos porque pensaban que esos animales eran dioses de la fertilidad. Los cananeos querían cosechas abundantes y esperaban tener muchos hijos. Por eso se postraban ante símbolos de fertilidad con la esperanza de ser fértiles. Las vacas y los corderos a los que adoraban eran su *elohim*.

En un capítulo previo mencioné que los egipcios adoraban todo tipo de animales e insectos. Esas cosas eran mucho más inferiores que Dios, pero servían como dioses falsos para los egipcios. Eran los objetos de adoración de los egipcios, su *elohim*. Cuando el suegro de Moisés, Jetro, vio a Dios librar a los israelitas de Egipto, confesó: *"Ahora conozco que Jehová* [*Yahvéh*] *es más grande que todos los dioses* [*elohim*]; *porque en lo que se ensoberbecieron prevaleció contra ellos"* (Éxodo 18:11). El rey David le dijo a Dios: *"¿Y quién como tu pueblo, como Israel, nación singular en la tierra? Porque fue Dios para rescatarlo... de Egipto, de las naciones y de sus dioses* [*elohim*]?" (2 Samuel 7:23).

Dios demostró que aquellos ídolos paganos eran falsos haciendo ver a su pueblo que sólo Él tenía poder. Sin embargo, los pueblos paganos siguieron sirviendo a su *elohim*: siguieron adorando a las criaturas de Dios en lugar de adorar al Creador mismo. Y Dios les castigó por su idolatría.

> *Porque las cosas invisibles de él, su eterno poder y deidad, se hacen claramente visibles desde la creación del mundo, siendo entendidas por medio de las cosas hechas, de modo que no tienen excusa. Pues habiendo conocido a Dios, no le glorificaron como a Dios, ni le dieron gracias, sino que se envanecieron en sus razonamientos, y su necio corazón fue entenebrecido. Profesando ser sabios, se hicieron necios, y cambiaron la gloria del Dios incorruptible en semejanza de imagen de hombre corruptible, de aves, de cuadrúpedos y de reptiles. Por lo cual también Dios los entregó a la inmundicia... ya que cambiaron la verdad de Dios por la mentira,*

honrando y dando culto a las criaturas antes que al Creador, el cual es bendito por los siglos. Amén. (Romanos 1:20–25)[4]

Nuestra actual palabra *adoración* viene de una palabra más antigua que significa "atribuir valía" a algo. Eso es lo que hacían los paganos con su *elohim*; creían que los ídolos tenían mucho poder para influir en sus vidas cotidianas. Alardeaban de lo que sus ídolos hacían por ellos. Creían que sus ídolos podían curar enfermedades, dar alimento, librarles de los enemigos militares, y hacer muchas otras cosas. Así que doblaban su rodilla ante su *elohim*, sus "cosas dignas", y alababan todo lo que aquellos ídolos supuestamente hacían.

Pero los israelitas sabían que sólo *Yahvéh* es digno de alabanza. Sólo el único Dios podía hacer las cosas que esos paganos atribuían a sus ídolos. Dios les dijo a los israelitas que Él era el verdadero *Elohim*, el único digno de adoración. De hecho, Él a menudo se refería a sí mismo como *Jehová-Elohim*, un nombre que literalmente significaba "el Señor **Es** Dios". Los traductores de la Biblia normalmente lo traducen sólo como "el Señor Dios". Estos son algunos ejemplos del Antiguo Testamento:

Este es el relato de la creación de los cielos y la tierra. Cuando el Señor Dios [Jehová-Elohim] hizo la tierra y los cielos. (Génesis 2:4 NTV)

Y el Señor Dios [Jehová-Elohim] hizo ropa de pieles de animales para Adán y su esposa. (Génesis 3:21 NTV)

[Moisés dijo,] *Sin embargo, yo sé que todavía ni tú ni tus funcionarios temen al Señor Dios [Jehová-Elohim].* (Éxodo 9:30 NTV)

Observe que el título *Elohim* ("Dios", o "Aquel a ser adorado") está ligado al nombre propio de Dios *Jehová* como si fuera un apellido. En inglés, muchos apellidos como "Smith", "Cooper", o "Taylor" se originaron de esta manera. Si un hombre era herrero (smith), sus clientes comenzaban a llamarle "John el herrero" o "John Herrero". Si una mujer hacía barriles (o era tonelera, "cooper"), podían llamarla "Jane la tonelera" o "Jane Tonelera". Así que el pueblo de Israel comenzó a llamar a Yahvéh "Señor el Dios" o simplemente "Señor Dios". El significado de ese nombre quedó claro en el monte Sinaí cuando Dios le dio a Moisés los Diez Mandamientos:

El pueblo de Israel comenzó a llamar a Yahvéh "Señor el Dios" o simplemente "Señor Dios".

> *No te harás imagen, ni ninguna semejanza de lo que esté arriba en el cielo, ni abajo en la tierra, ni en las aguas debajo de la tierra. No te inclinarás a ellas, ni las honrarás; porque yo soy* ***Jehová tu Dios****, fuerte, celoso, que visito la maldad de los padres sobre los hijos... y hago misericordia a millares, a los que me aman y guardan mis mandamientos.*
>
> (Éxodo 20:4–6, énfasis añadido)

Dios espera ser adorado. Él se agrada cuando le adoramos como debiera ser adorado. Pero se enoja cuando alguien es negligente y no le adora como es debido.

Una disciplina perdida

Los americanos modernos tristemente hemos sido negligentes en la adoración a Dios. Creo que es momento de confesar que la adoración aquí es una disciplina perdida.

La actitud informal pública respecto a la asistencia a la iglesia indica esta negligencia. En una mañana de domingo normal, se puede conducir por una comunidad de urbanizaciones y ver a la mayoría de los propietarios cortando la hierba, lavando el automóvil, jugando al fútbol: ¡haciendo todo tipo de cosas *excepto* ir a la iglesia! Sin embargo, si se detuviera a preguntar a esas personas acerca de su vida espiritual, muchos de ellos le dirían que son "miembros de iglesia". Algunos incluso dirían que son cristianos; sin embargo, las actividades que realizan los domingos demuestran que adoran otras cosas en lugar de adorar al Dios verdadero al que profesan adorar. Adoran a los dioses del placer personal, el recreo y el dinero.

Otro indicador del triste estado de nuestros hábitos de adoración es la actitud de la gente que *sí* asiste a la iglesia. A la mayoría de esas personas les encanta oír a músicos profesionales o a un autor reconocido dando un testimonio. Sin embargo, cuando comienza el sermón se reclinan en sus asientos hasta quedarse dormidos. Esas personas desganadas que van a la iglesia disfrutan del "entretenimiento" del santuario, pero no les importa si su alma está o no está bien alimentada.

Una de las razones de esto es el triste estado de la predicación en América. La mayoría de los pastores no están realmente proclamando la Palabra; están sirviendo como comida un pábulo de las revistas devocionales actuales, o exponen sus teorías psicológicas favoritas. Pero "*la palabra de Dios es viva y eficaz, y más cortante que toda espada de dos filos; y penetra hasta partir el alma y el espíritu... y discierne los pensamientos y las intenciones del corazón*" (Hebreos 4:12). Cuando Jesucristo es predicado con el

Cuando Jesucristo es predicado con el poder del Espíritu Santo, ¡las personas no pueden evitar estar despiertas!

poder del Espíritu Santo, ¡las personas no pueden evitar estar despiertas! Toman conciencia de lo que la Biblia tiene que decirles. ¡Claro, quizá incluso tendrán que salir de la sala porque no pueden aguantar la convicción que sienten! El hecho de que esto ocurra muy de vez en cuando en nuestras iglesias es un triste comentario sobre la mala calidad de la predicación americana así como de la indiferencia de los americanos que asisten a la iglesia.

Una vez, un constructor de barcos asistió a una predicación del fogoso evangelista del siglo XVIII George Whitefield. Dijo: "Normalmente puedo construir un barco entero durante un sermón, pero con Whitefield ni siquiera puedo poner la quilla". ¡Que Dios nos dé más predicadores que prediquen la Palabra con tal fuerza y fervor que capten de esa manera la atención de la congregación!

Otro indicador del triste estado de la adoración americana es la ineficacia de la mayoría de las oraciones. ¿Por qué no hay más oraciones respondidas? ¿Acaso ha dejado Dios de obrar en las vidas de su pueblo? ¿No están orando los cristianos con la suficiente firmeza? ¿No están orando bien? Sospecho que el problema no es de Dios, sino nuestro.

¡Se dedica muy poco tiempo a la oración enfocada y ferviente en los servicios de adoración típicos de América! Como mucho, puede que oiga una letanía de cinco minutos realizada por el pastor mientras recorre la lista de personas enfermas y necesitadas en la iglesia. Se convierte en algo así como una oración tipo "lista de la compra". La Biblia dice que después de que Jesús ascendiera al cielo, sus discípulos regresaron a Jerusalén y "*todos éstos perseveraban unánimes en oración y ruego*" (Hechos 1:14). Oraron constantemente hasta que consiguieron lo que estaban esperando: el poder del Espíritu Santo. Todo su servicio de adoración estaba dedicado a la oración. Cada aspecto de su vida en esos diez días tenía que ver con la oración, y Dios respondió su oración.

Creo que el avivamiento llegará a las iglesias en América sólo si los cristianos se dedican a la oración. Los programas de visita fugaces no traerán avivamiento, ni tampoco lo harán los ingeniosos montajes en Madison Avenue. Lo único que abrirá a la iglesia para una llenura fresca del poder del Espíritu Santo es la oración constante y fiel. Sin embargo, este tipo de oración está notablemente ausente en la mayoría de nuestros servicios de adoración.

Dick Eastman, de World Literature Crusade (Cruzada de literatura mundial), solía llevar a cabo seminarios sobre la oración. Él llamaba al tiempo de oración "la hora que cambia el mundo". Mateo 26:40 habla del regreso de Jesús de su vigilia de oración en Getsemaní. Cuando halló a Pedro durmiendo, Jesús dijo: "*¿Así que no habéis podido velar conmigo una hora?*". Cuando Dick leyó este versículo, se preguntó qué ocurriría si dedicara una hora cada día a orar, sólo orar. Lo probó y comenzó a notar que sucedían cosas poderosas en su ministerio. Recomendó esta oración a sus amigos y colegas, y ellos también fueron bendecidos. Ahora viaja por todo el país llevando a cabo seminarios sobre la oración. Su programa está basado en la idea de que Cristo merece al menos una hora ininterrumpida de nuestros días en oración.

Piense en lo que podría ocurrir si los cristianos pasaran media hora en oración cada domingo cuando se reunieran para adorar. ¡Quizá veríamos otro día de Pentecostés, otro derramamiento poderoso del Espíritu de Dios!

Piense en lo que podría ocurrir si los cristianos pasaran media hora en oración cada domingo.

Dije antes que creía que la adoración es una disciplina perdida para la mayoría de los cristianos de América. La adoración es una disciplina, como usted sabe. No se produce naturalmente en los seres humanos carnales. En la mayoría de los servicios en la iglesia estamos demasiado preocupados por sentarnos cómodos, o por el partido de golf que queremos jugar, o por la comida que tenemos en el horno como para concentrar nuestros pensamientos en Dios. Pero *en la adoración hay que estar concentrados*. Debe ser enfocada. Si queremos "atribuirle valor" a Dios, debemos sacar todo lo demás de nuestra mente y nuestro corazón. El arzobispo Fénelon, escritor del siglo XVII, entendió esta idea al escribir:

> El amor de Dios... desea que nos olvidemos del yo, que no cuente para nada, que Dios lo sea todo en todo. Dios sabe que lo mejor para nosotros es que el ego esté bajo nuestro pie y roto como un ídolo, para que Él pueda vivir dentro de nosotros, y hacer su voluntad en nosotros.... Por tanto, deje que el charlatán quejicoso y engreído, el amor a uno mismo, guarde silencio, para que en la quietud del alma podamos escuchar a Dios.[5]

Cómo adorar como debemos

Si verdaderamente creemos que Dios es *Jehová-Elohim*, deberíamos comenzar a adorarle "*en espíritu y en verdad*" (Juan 4:23). Deberíamos adorarle de todo corazón. Permítame sugerirle algunas formas en que puede mejorar su adoración a Dios.

Un estudiante de la Biblia acude a la Palabra de Dios con un hambre verdadera de aprender más de la voluntad de Dios para su vida.

1. *Estudie la Palabra de Dios.* Note que dije "estudie", y no solamente "lea" la Biblia. Hay una gran diferencia entre ambas cosas. Un estudiante de la Biblia acude a la Palabra de Dios con un hambre

verdadera de aprender más de la voluntad de Dios para su vida. Lee la Biblia en oración, reflexión y meditación. Dedica tiempo a absorber lo que dice la Escritura y aplicar la Palabra a los problemas actuales de su vida. Job dijo: "*Guardé las palabras de su boca más que mi comida*" (Job 23:12). El apóstol Pedro dijo: "*Desead, como niños recién nacidos, la leche espiritual no adulterada, para que por ella crezcáis para salvación*" (1 Pedro 2:2), y la Biblia da una prueba amplia de que, si se estudia la Palabra, Dios puede usar su Palabra escrita para traer avivamiento entre su pueblo.

2. *Obedezca lo que lee en la Palabra de Dios.* Esto parece tan simple que casi siempre se omite, pero la gran mayoría de los cristianos ignoran esta sencilla regla. Leen la Biblia, luego cierran el Libro y se van.

> *Pero sed hacedores de la palabra, y no tan solamente oidores, engañándoos a vosotros mismos. Porque si alguno es oidor de la palabra pero no hacedor de ella, éste es semejante al hombre que considera en un espejo su rostro natural. Porque él se considera a sí mismo, y se va, y luego olvida cómo era.* (Santiago 1:22–24)

Si su vida espiritual es débil, quizá lo sea porque ha menospreciado lo que la Palabra de Dios le exhorta a hacer. Comience a obedecer las Escrituras, y será capaz de adorar con más libertad. Será capaz de disfrutar de la presencia de Él.

3. *Confiese que Él es Dios y que usted es su siervo.* De nuevo, esto parece muy simple, pero muchos cristianos siguen intentando ser Dios, y hacer que Dios sea su siervo. A. W. Tozer trató este problema cuando escribió:

> Para que el Espíritu de Dios pueda obrar de forma creativa en nuestros corazones, Él debe condenar y matar la "carne" dentro de nosotros;

> es decir, debe tener todo nuestro consentimiento para desplazar a nuestro yo natural para situar a la Persona de Cristo.... Nada procedente de Dios ministrará a mi orgullo de autocomplacencia. Si me siento tentado a contentarme o sentirme superior porque he tenido una visión excepcional o un avance espiritual, debería ponerme inmediatamente de rodillas y arrepentirme por ello. He caído víctima del enemigo.[6]

Cuando el yo mantiene a Dios fuera del trono de su vida, está usted destinado a tener una desalentadora experiencia de adoración, porque realmente se está adorando a usted mismo en vez de adorar a Dios. Debe ser capaz de decir con Pablo: "*Cada día muero*" (1 Corintios 15:31), y "*Con Cristo estoy juntamente crucificado, y ya no vivo yo, mas vive Cristo en mí; y lo que ahora vivo en la carne, lo vivo en la fe del Hijo de Dios, el cual me amó y se entregó a sí mismo por mí*" (Gálatas 2:20). Debemos dejar verdaderamente que Cristo, y no nosotros, reine en nuestro corazón si queremos tener una vida de adoración significativa.

Haga la paz con cualquier cristiano que tenga algo contra usted.

4. *Haga la paz con cualquier cristiano que tenga algo contra usted.* Jesús dijo: "*Por tanto, si traes tu ofrenda al altar, y allí te acuerdas de que tu hermano tiene algo contra ti, deja allí tu ofrenda delante del altar, y anda, reconcíliate primero con tu hermano, y entonces ven y presenta tu ofrenda*" (Mateo 5:23–24).

¿Ha sentido alguna vez que sus oraciones no pasaban del techo? Quizá fue porque tenía un conflicto con otro cristiano. Jesús dijo que tiene usted que resolver sus problemas con los demás cristianos antes de orar en el altar de Dios, aunque no sea usted quien está ofendido. Observe que Él dijo: "[Si] *tu hermano tiene algo contra ti*".

Me pregunto qué ocurriría si en nuestros servicios de adoración dominicales si los pastores comenzaran el tiempo de oración diciendo: "Vamos a detenernos un minuto para que puedan solucionar cualquier problema que pudieran tener con sus hermanos o hermanas aquí. Después oraremos". En las reuniones de adoración de la iglesia primitiva, el beso de paz siempre precedía a la comunión, para darle a la gente la oportunidad de poder reconciliarse los unos con los otros. Creo que quedaríamos gratamente sorprendidos de lo que Dios podría hacer si su pueblo estableciera esta paz los unos con los otros.

5. *Comience su oración con alabanza.* Muchos cristianos le dan al Señor unas "gracias" mecánicas al comenzar la oración, como preludio al "verdadero" asunto de *pedirle* cosas a Dios. Me recuerdan a alguien que de manera cortante se quita el sombrero ante un extraño y luego le pide limosna. ¡Dios no aprecia ese tipo de "cortesía"!

Asegúrese de comenzar su oración alabando genuinamente a Dios. Alábele por ser quien Él es. Alábele por lo que ha hecho en su vida. Alábele por lo que ha prometido hacer en el futuro. Saque sus peticiones de su mente por un momento; enfoque sus pensamientos en Dios y deje que fluya su alabanza. El salmista dijo: "*Entrad por sus puertas con acción de gracias, por sus atrios con alabanza; alabadle, bendecid su nombre*" (Salmos 100:4). Ese sigue siendo un buen consejo.

6. *Haga peticiones de oración específicas.* Hay un tiempo apropiado en cada oración para poner sus peticiones delante de Dios, después de haberle alabado realmente y haber meditado en quién es Él. Cuando llegue el momento de las peticiones, asegúrese de ser específico.

No diga: "Señor, bendice a mis hijos". Dígale *de qué forma* cree usted que necesitan ser bendecidos. Dígale si necesitan salvación, sanidad, ayuda con su economía o cualquier otra cosa. No diga: "Señor, soluciona este problema que tengo". Dígale *de qué forma* necesita su ayuda para resolverlo. Dígale que ha estado luchando con ese problema y que ha intentado discernir su voluntad sobre este asunto antes de acercarse a Él con sus peticiones. La Biblia dice: "*La oración eficaz del justo puede mucho*" (Santiago 5:16). La palabra *eficaz* significa que debería orar por "efectos" específicos, resultados específicos que usted siente que están en consonancia con la voluntad de Dios. Una oración vaga y general probablemente indica que realmente no está usted demasiado interesado en el resultado de su petición.

Una oración vaga y general probablemente indica que realmente no está usted demasiado interesado en el resultado de su petición.

7. *Tenga un "tiempo a solas" con Dios.* Los estilos de vida modernos no dejan mucho espacio para la meditación tranquila, y la mayoría de nosotros hemos olvidado lo que es una hora de silencio. Un amigo mío una vez pasó un día en un centro de retiros católico para meditar y orar. Las primeras horas fueron muy incómodas, según dijo él. ¿Sabe por qué? ¡Porque no podía oír la radio, la televisión o el teléfono! Se llamaba disciplina de silencio. "Me sentí como si estuviera en otro planeta", recordaba.

Los santos de siglos pasados conocían la importancia de tener tiempos de quietud con el Señor. Se apartaban a sus cuartos para orar o se apartaban a las montañas todos los días sólo para hablar con Él. Dios le dijo al pueblo de Israel: "*En descanso y en reposo seréis salvos; en quietud y en confianza será vuestra fortaleza. Y no quisisteis*" (Isaías 30:15). Si aparta un tiempo para estar "a solas" meditando, orando y adorando a Dios, encontrará mucha más fuerza en su espíritu de la que tiene ahora.

Llame a otros para adorar

Los seguidores del antiguo culto persa Ahura-Mazda creían que debían guardarse para ellos su "verdad" pagana, así que no invitaban a otras personas a sus servicios de adoración. Lo mismo ocurría con aquellos infames herejes de la iglesia primitiva: los gnósticos. Otros grupos poco convencionales a lo largo de los siglos han intentado mantener los secretos místicos de su religión para ellos.

Pero los seguidores de *Jehová-Elohim* hacen justamente lo contrario. Invitan a sus amigos no creyentes a unirse a ellos para adorar a Dios. De hecho, creen que el evangelismo, o llamar a otros a Dios, es una parte clave de su propia adoración. Si Él es verdaderamente *Elohim*, Aquel digno de adoración, entonces todas las personas debieran adorarle.

> *Así dice Jehová Dios, Creador de los cielos, y el que los despliega; el que extiende la tierra y sus productos; el que da aliento al pueblo que mora sobre ella, y espíritu a los que por ella andan: Yo Jehová te he llamado en justicia, y te sostendré por la mano; te guardaré y te pondré por pacto al pueblo, por luz de las naciones, para que abras los ojos de los ciegos, para que saques de la cárcel a los presos, y de casas de prisión a los que moran en tinieblas. Yo Jehová; este es mi nombre; y a otro no daré mi gloria, ni mi alabanza a esculturas.* (Isaías 42:5–8)

Los cristianos actuales nos vemos tentados a pensar que no necesitamos llamar a otros a Dios. Los intelectuales compasivos dicen que todo el mundo tiene derecho a tener sus propias creencias; por tanto, no es necesario el evangelismo. Por eso se ha producido un agudo descenso en la obra misionera. Las grandes denominaciones están cerrando las escuelas y hospitales misioneros; ahora envían dinero para ayudar al "desarrollo de la economía" de países extranjeros.

De hecho, los únicos grupos cristianos que han aumentado su fuerza misionera en estos días son las iglesias evangélicas independientes, según un artículo de la revista *Christianity Today.* Nosotros aún creemos que todo el mundo debe adorar a Dios, no sólo los protestantes anglosajones blancos que ganan más de treinta mil dólares al año. En ese artículo, Harold Lindsell comentó:

> Son muchos los factores que han contribuido a la seria pérdida de misioneros entre las denominaciones ecuménicas tradicionales. Sin embargo,... estas cifras son un índice aproximado de la profundidad del conflicto acerca de la doctrina cristiana básica, la naturaleza del evangelio, la condición de perdición de la raza humana sin Cristo, y la necesidad de obedecer mandatos bíblicos. [7]

Tenemos un mandato de Dios, un mandato a llamar a todo el mundo a Él. Cristo dijo: "*Por tanto, id, y haced discípulos a todas las naciones, bautizándolos en el nombre del Padre, y del Hijo, y del Espíritu Santo*" (Mateo 28:19). Por tanto, nuestra adoración nunca estará completa hasta que les digamos a otros que el Señor es el verdadero Dios, Dios en tres personas, Dios de todo el mundo, y digno de nuestra más profunda devoción.

Notas

1. Francis Brown, S. R. Driver, y Charles A. Briggs, eds., *A Hebrew and English Lexicon of the Old Testament* (Oxford: Oxford University Press, 1972), p. 43.
2. B. W. Anderson, "God, Names of", *The Interpreter's Dictionary of the Bible*, Vol. 2 (Nashville: Abingdon Press, 1962), p 413.
3. Samuel Sandmel, *The Hebrew Scriptures* (New York: Alfred A. Knopf, 1963), p. 329.
4. Para más perspectiva sobre cómo estas naciones ignoraron a Dios, vea mi libro *Where Was God When Pagan Religions Began?* (Nashville: Thomas Nelson Publishers, 1980).
5. Fénelon, *Let Go* (New Kensington, Pa.: Whitaker House, 1973), p. 52.
6. A. W. Tozer, *The Best of A. W. Tozer*, ed. por Warren W. Wiersbe (Grand Rapids, Mich.: Baker Book House, 1978), pp. 189–190.
7. Harold Lindsell, "The Major Denominations Are Jumping Ship". *Christianity Today* (18 de septiembre 1981), p. 16.

Capítulo 4

El Señor Dios Altísimo (Jehová-Elyon)

Jehová-Elyon debería provocar alabanza tras alabanza en el creyente ferviente. Este nombre de Dios se usa unas cuarenta veces en el Antiguo Testamento. Aparece primero en Génesis 14, cuando el rey Melquisedec de Salem alaba el valiente rescate de Abraham de su sobrino Lot. Melquisedec dijo:

> *Bendito sea Abram del Dios Altísimo, creador de los cielos y de la tierra; y bendito sea el Dios Altísimo, que entregó tus enemigos en tu mano. Y le dio Abram los diezmos de todo.*
> (versículos 19–20)

Este nombre *Elyon* literalmente significa "Dios supremo" o "Dios muy amado". Observe por qué Melquisedec cree que Dios es el "Altísimo" y el "dueño de los cielos y de la tierra". Hablando de Abram en el versículo 20 dice que Dios "*entregó tus enemigos en tu mano*". Y cuando consideramos la temeraria realidad a la que Abram se enfrentaba, trescientos dieciocho siervos para luchar contra los ejércitos de las naciones más poderosas de su tiempo (véase versículos 1, 14), uno se da cuenta de lo grande que tenía que ser el Dios de Abram.

Los reyes paganos creían que sus dioses les ayudaban en la batalla. Si eran derrotados, creían que era porque el dios de su enemigo era más fuerte que el de ellos. Por eso Melquisedec sabía que hablaba con autoridad cuando dijo que Abram servía "al Dios Altísimo", *Elyon*.

Un vencedor improbable

Para tener una mejor idea de la magnitud de la victoria de Abram, observemos que tuvo que perseguir a sus enemigos desde los alrededores de Beerseba (al sur de Canaán) hasta Dan, después dividir sus escasas fuerzas de trescientos dieciocho hombres para seguir persiguiendo a su enemigo de noche hasta Damasco (véase Génesis 14:13–15). Incluso en la actualidad, si un turista en Beerseba se despierta temprano en la mañana y se sube a un autobús hacia Damasco, será de noche cuando llegue. Era un viaje largo y peligroso por un terreno difícil. Sin embargo, Abram hizo el viaje. Enfrentó a su pequeña banda de soldados contra ejércitos más grandes, ¡y ganó! No cabe duda de que servía al "Dios Altísimo".

Como Abram también había capturado el botín de guerra que sus enemigos habían tomado de Sodoma y Gomorra, el rey de Sodoma salió al encuentro de Abram cuando regresaba de la batalla. El rey de Sodoma le ofreció Abram un trato, diciendo: "*Dame las personas, y toma para ti los bienes*" (versículo 21). Pero Abram rechazó el trato, diciendo:

> *He alzado mi mano a Jehová Dios Altísimo* [*Jehová-Elyon*], *creador de los cielos y de la tierra, que desde un hilo hasta una correa de calzado, nada tomaré de todo lo que es tuyo, para que no digas: Yo enriquecí a Abram.* (versículos 22–23)

Abram le dio a Dios todo el mérito por la victoria que había obtenido, y le dio a Dios todo el crédito por las bendiciones materiales que recibió. Cuando llegara el día en que Dios le bendijera con ganados, tierras y otros tipos de riquezas, Abram no quería que nadie dijera: "Yo hice que Abram fuera lo que es hoy". Así que le entregó el botín de guerra al rey de Sodoma.

¿Y usted? ¿Es su vida una historia "de mendigo a millonario"?

¿Y usted? ¿Es su vida una historia "de mendigo a millonario"? Si es así, ¿a quién le atribuye el mérito, a Dios o al hombre? He tenido el privilegio de llevar al Señor Jesucristo a algunos empresarios muy ricos; todos ellos comenzaron a darle a Dios el mérito por su riqueza. Antes de que Jesús señoreara en sus vidas, alardeaban de su buen juicio empresarial y sus "golpes de suerte"; pero cuando Jesús tomó las riendas de sus vidas, le dieron a Dios todo el mérito por su prosperidad. Así es como debe ser.

Abram le dio a Dios todo el mérito por su éxito. Quería que sus vecinos no creyentes vieran cómo Dios le bendecía; quería que se dieran cuenta de que servía al "Señor Dios Altísimo".

¿Un hombre hecho a sí mismo?

La actitud de Lot, el sobrino de Abram, fue la contraria a la de su tío. Lot siguió intentando demostrar que podía tener una vida de éxito por sí mismo, sin la ayuda de nadie más. Quería demostrar que podía ser un "hombre hecho a sí mismo".

Cuando el tío Abram le dejó escoger su propia porción de tierra, Lot escogió la mejor porción esperando llegar a ser alguien de renombre. La Biblia dice: "*Lot... fue poniendo sus tiendas hasta Sodoma. Mas los hombres de Sodoma eran malos y pecadores contra Jehová en gran manera*" (Génesis 13:12–13). Lot decidió vivir en una buena zona para el comercio, a pesar de la corrupción moral que "las ciudades de la planicie" pudieran causar a su familia.

Después Sodoma y Gomorra cayeron ante sus enemigos, y Lot fue llevado por los ejércitos paganos del Oriente. Abram le rescató, pero le entregó los rebaños y las demás posesiones al rey de Sodoma. Así, Lot perdió todo lo que poseía. En ese punto, lo más sabio que Lot podría haber hecho hubiera sido decir: "Tío Abram, me doy cuenta de que cuando estoy contigo, estoy en el lado de los vencedores. Cuando estoy contigo, Dios me bendice, y cuando intento hacer las cosas por mí mismo, soy esclavo".

Pero no lo hizo. Regresó a la ciudad de Sodoma, consiguió una casa para su familia, e intentó buscar una forma de vida en aquel infierno de corrupción.

Pronto Dios decidió destruir Sodoma y Gomorra, y le advirtió a Lot que saliera de allí antes de que fuera demasiado tarde (véase Génesis 19). Lot llevó a su familia a la ciudad de Zoar cuando Dios hizo llover cenizas ardientes sobre Sodoma y Gomorra, barriéndoles de la faz de la tierra para siempre. Recordará que Lot perdió a su esposa en el proceso. Cuando ella desobedeció a Dios y miró atrás a su ciudad, Dios la convirtió en una estatua de sal.

Cualquiera pensaría que a esas alturas Lot habría aprendido la lección. Después de esas tensas escapadas, Lot debería haber sabido que tenía que confiar en que *Jehová-Elyon* bendeciría su vida, en vez de intentar bendecirse a sí mismo.

Después de esas tensas escapadas, Lot debería haber sabido que tenía que confiar en que *Jehová-Elyon* bendeciría su vida.

Pero no, Lot enseguida decidió tomar a sus dos hijas

y retirarse a una cueva cercana. Aparentemente, quería pasar el resto de su vida allí como ermitaño. ¡Qué clásico retrato de la desesperación humana! Cuando el hombre no consigue tener éxito en su vida por medio de los planes que ha concebido, lo único que quiere es un lugar solitario donde enfurruñarse. Si no consigue las felicitaciones de otros, tampoco querrá sus condolencias. Preferirá que se olviden de él. Eso es lo que Lot quería hacer: esconderse y caer en el olvido.

¿Ve el contraste entre Lot y su tío Abram? Un hombre intentó hacer algo por sí mismo, y el otro permitió que el Dios Altísimo hiciera algo de él. ¿Y cuál de los dos tuvo éxito?

Volvamos a esa conversación entre Abram y Melquisedec, porque revela dos hechos importantes sobre el Dios Altísimo. Veamos de nuevo lo que dijo Melquisedec en Génesis 14:19: "*Bendito sea Abram del Dios Altísimo, creador de los cielos y de la tierra*". Como Dios es el Altísimo, posee toda la creación. De hecho, ¡Él lo creó todo! Por tanto, es fácil ver cómo Dios puede controlar cada situación de nuestras vidas. Él posee el universo, y está a cargo de todo lo que en él hay.

En cierta ocasión necesitábamos construir un edificio importante para nuestro ministerio, y el gobierno estatal nos pidió que tuviera dos carreteras de salida de vehículos. Así que el contratista se acercó al hombre que poseía la propiedad adyacente con la intención de comprarle más terreno de su propiedad para poder cumplir el código de urbanismo. Sin embargo, el propietario no quiso vender.

Ese hombre era un anciano granjero. El terreno que queríamos comprarle eran tierras de labranza. Este hombre pronto estaría muerto, y la propiedad no le valdría para nada, pero no quería vender. "¡Nunca conseguirán ni un palmo de terreno de mis tierras!", dijo.

Su actitud no me molestaba en lo personal. Yo siempre digo: "Que se haga la voluntad del Señor". No pudimos construir el edificio. ¡Pero puede imaginar la tragedia de pensar como ese hombre! Claro, ninguno de nosotros en realidad posee nada. Cuando yo muera, mi cuerpo lo pondrán en un ataúd y lo enterrarán a dos metros de profundidad; esa será la única "posesión" terrenal que le quedará a Lester Sumrall. En realidad no poseo nada en este mundo. Simplemente me permiten usar algunas cosas durante un tiempo, para darle gloria al Señor. Él es quien realmente lo posee todo.

En realidad no poseo nada en este mundo. Simplemente me permiten usar algunas cosas durante un tiempo.

La Biblia dice que "*le dio Abram los diezmos de todo*" (Génesis 14:20) porque entendió que Dios lo poseía todo. Le dio el diezmo del botín de guerra a ese rey-sacerdote, como una ofrenda a Dios, porque sabía que Dios realmente era el dueño de todo lo que él tenía. Esta es la primera referencia que encontramos en la Biblia sobre el diezmo, y viene en el lugar más indicado de las Escrituras. Comenzamos a diezmar nuestro dinero y otras posesiones materiales para la obra del Señor cuando entendemos que el Dios Altísimo lo posee todo.

El Libertador

Observe lo siguiente que dijo Melquisedec sobre el Dios Altísimo: "*Y bendito sea el Dios Altísimo, que entregó tus enemigos en tu mano*" (versículo 20). Dios no sólo posee todas las cosas y todas las personas, sino que también los entrega en manos de su pueblo.

Piense en ello por un momento: ¿Se da cuenta de que Dios le entregará a sus enemigos en sus manos?

Creo que esto es lo que la mayoría de la gente no entiende acerca del ministerio de liberación. Saben lo mucho que les gustaría ser liberados del pecado, la enfermedad, la opresión demoniaca, y demás. Quieren escapar de esas cosas, y Dios les ofrece una vía de escape. Pero hay otro tipo de liberación que Él promete también. Promete someter ciertos problemas que su pueblo experimenta.

Quizá Dios no quite ese cáncer maligno de su cuerpo, pero entregará en sus manos el temor al cáncer. Le dará la victoria sobre el temor. Quizá Dios no quite ese genio odioso de su marido o su esposa, pero le entregará ese genio en sus manos. Le dará la victoria sobre ello.

Cientos de personas me han pedido que ore para que Dios les libere del hábito de fumar, beber, tomar drogas e infinidad de otras cosas. Sin embargo, se sorprenden de cómo Dios les libera. Los cigarros, la bebida y las drogas siguen ahí; la tentación aún les alcanza, pero Dios les da la victoria sobre la tentación. Les entrega a sus enemigos en sus manos. ¡Aleluya!

Muchas personas ya tienen liberación de sus problemas, pero no la reclaman.

Muchas personas ya tienen liberación de sus problemas, pero no la reclaman. ¿Qué quiero decir con esto? Me refiero a que no es suficiente con soñar con la liberación de su problema. No basta con leer su Biblia y decir: "Mira cómo Dios solía liberar a su pueblo de esto". Debe reclamar la promesa de Dios de ser *Jehová-Elyon* en su vida, y decir: "¡Me ha liberado!". Y debe seguir recordándose a usted mismo que Dios le *ha* entregado a su enemigo en su mano.

Dios es mayor

A veces nos impresionan tanto los logros humanos que pasamos por alto la grandeza de Dios mismo. Quizá piense que estoy exagerando, pero es cierto.

Muchas personas han convertido la tecnología moderna en una religión; piensan que las ingeniosas mentes de los científicos pueden resolver cualquier problema que afronten. Creen que no necesitan a Dios; que, de hecho, Dios sólo existe en la imaginación de personas crédulas.

Estoy de acuerdo con que la mente humana ha logrado cosas maravillosas en años recientes. Hoy podemos salir de Nueva York o Washington en un avión supersónico magnífico y llegar a Londres en menos de tres horas (el viaje solía durar cerca de un mes por barco). Me puedo sentar frente a una computadora, pulsar unos cuantos botones, y tener a mi disposición miles de datos sobre los mercados de valores, la ciencia médica o cualquier otro campo que me interese. Esos datos están almacenados en un disco de plástico más pequeño que un plato de mesa. Puedo estar ante una cámara de televisión y predicar un sermón, mientras que mi imagen y el sonido de mi voz se retransmiten instantáneamente a millones de hogares vía satélite por toda la tierra. ¡La era en que vivimos es maravillosa!

Pero todas esas maravillas son sólo un anticipo de las maravillas infinitas que Dios nos revelará en la eternidad. La mente de Dios es mucho mayor que la de los seres que Él ha creado. La Biblia dice: *"Antes bien, como está escrito: cosas que ojo no vio, ni oído oyó, ni han subido en corazón de hombre, son las que Dios ha preparado para los que le aman"* (1 Corintios 2:9).

Los cristianos vamos a vivir con Dios para siempre, en un continuo asombro de su majestad y gloria. Serviremos al Dios Altísimo durante toda la eternidad. Estoy muy contento de que el Dios Altísimo, *Jehová-Elyon*, no sea sólo el Dios de Abram: Él es el Dios de todos los creyentes nacidos de nuevo.

Dios se reveló a sí mismo a Abram como *Jehová-Elyon* en un momento de victoria. En el momento de la victoria final, cuando Cristo venza a Satanás de una vez por todas, los santos de Dios mirarán hacia el cielo y exclamarán que Él es mayor que ninguna otra persona o poder. Verdaderamente es el Dios Altísimo, *Jehová-Elyon*.

Capítulo 5

El Dios Todopoderoso
(El-Shaddai)

Génesis 17 relata cómo Dios se le apareció a Abram justamente después del nacimiento de Ismael, recordándole que aún tenían un pacto entre ambos. Abram tenía noventa y nueve años cuando comenzó esta conversación (versículo 1), pero había cumplido los cien cuando terminó (versículo 17). Por tanto, ¡debió de haber sido una reunión de oración bastante larga! Observe lo que ocurrió:

> *Era Abram de edad de noventa y nueve años, cuando le apareció Jehová y le dijo: Yo soy el Dios Todopoderoso* [*El-Shaddai*]; *anda delante de mí y sé perfecto. Y pondré mi pacto entre mí y ti, y te multiplicaré en gran manera. Entonces Abram se postró sobre su rostro, y Dios habló con él* (versículos 1–3)

Aquí Dios le revela otro de sus nombres al hombre al que prometió que sería el padre de muchas naciones. Dios le estaba enseñando a Abram cada vez más sobre Él mismo dándole estos diferentes nombres para Dios. Cada nombre tiene su significado particular, y revelaba más de la naturaleza de Dios. El nombre "Dios Todopoderoso", o *El-Shaddai* en hebreo, enfatiza la capacidad de Dios para manejar cualquier situación que afronte su pueblo. El Dr. W. A. Criswell observa que *El-Shaddai...*

> ... enriquece aún más el nombre supremo YAHVÉH. "El" es el singular de *Elohim*, y "Shaddai" es literalmente "suficiente" o "autosuficiente"; por tanto, se traduce "Todopoderoso". El que YAHVÉH sea todopoderoso y autosuficiente es algo adecuado para que Él pueda obtener la victoria e incluso destruir a todos sus enemigos.[1]

Dios quería que Abram supiera que Él tenía el control de cada situación. Puede que Abram sintiera desánimo por tener que caminar por todo el Oriente Próximo para encontrar la Tierra Prometida; puede que se sintiera derrotado por tener que luchar contra los fuertes guerreros de Canaán para obtener la herencia que Dios le había ofrecido. Pero Dios dijo que no había razón para sentirse desanimado y derrotado. Abram tan sólo necesitaba recordar que *El-Shaddai* cuidaría de él. El Dios Todopoderoso no dejaría que esa misión fracasara.

Satanás quiso destruir la nación de Israel incluso antes de que comenzara, así que lanzó toda su fuerza contra Abram. El nombre Satanás significa "el acusador", y Satanás hizo su mejor esfuerzo para acusar a Abram de fracaso. Me imagino a Satanás susurrándole a Abram al oído: "¿Cómo puede Dios hacer de ti una gran nación? No tienes hijos, salvo ese hijo que has tenido ilícitamente con tu sierva. ¿Crees que Dios le usará para hacer una 'nación santa'? ¡Déjame que me ría!".

Satanás intenta destruirnos desde dentro, como puede ver. Puede darnos problemas físicos, y puede crearnos mucha oposición en el trabajo que intentemos hacer para el Señor. Pero la primera línea de batalla, concerniente a Satanás, es su mente. Él sabe que si puede derrotar sus pensamientos, derrotará su fe. Quiere que usted dude de las promesas de Dios, así que se aferra a cada revés y problema convirtiéndolo en una acusación que llevará a su mente; comienza susurrando duda en su oído. Es lo que intentó hacer con Abram.

La primera línea de batalla, concerniente a Satanás, es su mente.

Pero Dios le dijo a Abram: "*Yo soy el Dios Todopoderoso*". En otras palabras, le dijo: "Abram, estás viendo muchos obstáculos por delante. Estás viendo sólo los problemas, pero yo soy mayor que cualquiera de tus problemas, y cumpliré mis promesas a ti a pesar de todos los problemas, si me los entregas".

¡Cuántas veces ha tenido Dios que recordarme eso! He sido ministro del evangelio durante toda mi vida adulta, primero como misionero en otro país y ahora como pastor. Créame, ¡Satanás no trabaja en las personas como lo hace en un pastor o misionero! Él sabe que si puede derrotar a los líderes de Dios, puede derrotar a todo el pueblo de Dios.

Así que trabaja horas extras alimentando mi mente con la duda, y muchas veces he llegado al borde del desánimo. ¡Pero gloria a Dios que el Todopoderoso me recuerda que Él puede ocuparse de todos los problemas que afronto! Quizá no me diga *cómo* va a hacerlo; no tiene que hacerlo, tan sólo me recuerda que Él es el Dios Todopoderoso, más poderoso que cualquier problema que haya en mi vida. Eso basta para disipar la bruma de la derrota.

Confesar el poder de Dios

Los psicólogos supuestamente cristianos a menudo le dicen a la gente que confiese sus debilidades. Hacerlo les permite ser más humano, según dicen. Si usted confiesa sus debilidades, no se sentirá derrotado tan a menudo porque sabrá que tiene derecho a unas cuantas meteduras de pata.

La Biblia dice que somos débiles, humanamente hablando. Pablo admitió que los cristianos tienen el tesoro de la justicia de Dios en "*vasos de barro*" (2 Corintios 4:7), vasijas que se pueden agrietar y romper. Por eso debemos confiar en que el Espíritu Santo nos dé el poder de Dios cada día. Pero si nos concentramos en nuestras debilidades, en vez de en el poder de Dios, establecemos un límite en cuanto a lo que Dios puede hacer a través de nosotros. Satanás intentó hacer que Abram creyera que nunca podría llevar a cabo el plan de Dios porque era demasiado viejo, demasiado débil, y estaba demasiado cansado del viaje. Pero Abraham se mantuvo firme, creyéndole a Dios. Podría parecer débil, pero su fe no era nada débil, y su Dios ciertamente no era débil. Estaba del lado de Dios, y nadie es débil cuando está del lado de Dios.

No estoy hablando aquí sobre confesar pecados. Es cierto que cuando trasgredimos la ley de Dios, debemos confesar y pedir perdón (véase 1 Juan 1:8–9). De lo que estoy hablando es de la falta de *fe*.

Satanás espera que nunca descubra que usted es sólo tan débil como lo débil que confiese que es.

Esto es algo que Satanás espera que usted nunca descubra: *Usted es sólo tan débil como lo débil que confiese que es.* Si usted pasa todo el tiempo hablando de lo débil que es, establece un límite humano lastimoso para el poder de Dios. Se habrá programado a sí mismo para el fracaso; pero cuanto más confiese el poder de Dios, más podrá Él hacer por usted.

Al Oerter era un atleta que ganó la medalla de oro en lanzamiento de disco en los Juegos Olímpicos de Melburne de 1956 y en las Olimpiadas de 1960 en Roma. Decidió intentar ganar en las Olimpiadas de Tokio de 1964. Su máximo competidor en Tokio era un checo muy fuerte que había batido el récord de Al en los entrenamientos.

Una semana antes de las Olimpiadas, Al se desgarró el cartílago de las costillas del costado derecho en un accidente en los entrenamientos. Tuvo problemas con un disco cervical y tuvo que llevar un collarín para impedir que se lastimara. Sin embargo, se las arregló para llegar hasta la final, pero tenía tanto dolor que su doctor le aconsejó que se retirara.

No te engañes a ti mismo, le susurraba una voz interior. Tienes una excusa. ¡Retírate!

Pero Al Oerter se vistió para la competición. Sentía que tenía que intentarlo, a pesar del dolor. Cuando le tocó el turno de lanzar el disco, entró en el círculo y oró: "Dios, dame fuerzas".

Su primer lanzamiento no fue especialmente bueno, pero sí lo suficiente como para meterle entre los finalistas. Tenía tres oportunidades más. Su siguiente lanzamiento fue malo, y el dolor en su costado y su cuello aumentaba.

Al confiaba en que el Señor le daría la fuerza que él no tenía.

Pero Al confiaba en que el Señor le daría la fuerza que él no tenía. Dio un paso atrás en el círculo y lanzó el disco una vez más. Voló hasta traspasar la línea de los sesenta metros, estableciendo con ello un nuevo récord mundial, y la tercera medalla de oro de Al. Al mirar atrás y reflexionar en ese día, Al dijo: "Algo importante que todos debemos recordar es que dondequiera que queramos ir en la vida, no llegaremos allí a menos que pongamos todo nuestro esfuerzo, mental, físico y espiritual, en dicho empeño".[2]

¿Qué hace usted cuando afronta un problema que es mayor de lo que puede manejar? ¿Confiesa su debilidad? ¿O confiesa el poder de Dios? Debiera hacer ambas cosas, y permitir que Dios sea el "Dios Todopoderoso" en su vida.

Honrar al Dios Todopoderoso

Si Dios es todopoderoso y autosuficiente, y nosotros somos tan sólo "*vasos terrenales*", entonces se plantea otro dilema: ¿Cómo es posible que tengamos comunión con Él? ¿Cómo puede Dios tolerarnos? Dios respondió estas preguntas cuando le dijo a Abram: "*anda delante de mí y sé perfecto*" (Génesis 17:1).

El Dios Todopoderoso espera que su pueblo viva de manera distinta al resto de las personas. Muchas personas en la actualidad que piensan que conocen a Dios siguen viviendo como el resto del mundo. Mujeres que dicen ser cristianas temerosas de Dios visten como Jezabel, pavoneando sus atractivos de forma seductora ante los ojos de los hombres. Pero Dios quiere que sepamos que caminamos delante de Él. Nuestras acciones y pensamientos están bajo el escrutinio del Dios Todopoderoso, así que no deberían ser como las acciones y pensamientos de los pecadores carnales y no regenerados. El pueblo de Dios no puede vivir como los sodomitas sin ser destruido junto con Sodoma (véase Mateo 11:20–24).

Cuando Dios dice: "*Sé perfecto*", se está refiriendo a una perfección moral. Quiere decir que deberíamos llevar vidas limpias y santas ante Él. Cristiano, no peque contra Dios e intente excusarse diciendo: "Bueno, soy humano". ¡Ha sido usted redimido! ¡Es usted hijo de Dios! Está unido a Jesucristo. Vístase apropiadamente, camine apropiadamente, hable apropiadamente y viva apropiadamente. Es la única manera en que puede honrar al Dios Todopoderoso al que sirve, y es la única manera en que Él seguirá teniendo comunión con usted.

El empresario cristiano J. Daniel Hess escribe:

> Dios es el Creador, el que define lo que es bueno, el que establece la realidad, la Cabeza del reino divino. Todo nuestro trabajo y cada una de nuestras obligaciones están sometidos a las demandas de la creación de Dios y del reino de Dios. Para cumplir con esas obligaciones, nos convertimos en siervos de Cristo.[3]

En otras palabras, la única manera en que podemos cumplir el diseño de Dios para nuestra vida es obedecerle. Eso se aplica en el trabajo, en casa, en la junta escolar, volando en avión; dondequiera que usted esté. Dios espera que "camine delante de Él, y sea perfecto".

Dios bendice a las personas que "caminan delante de Él" en pureza moral. La segunda vez que Jacob y sus hijos necesitaron grano de Egipto, Jacob les envió allí con el doble de dinero que la primera vez, además del dinero que habían encontrado en sus bolsas, el cual pensaron que fue una "*equivocación*" (Génesis 43:12). Y Jacob dijo: "*Y el Dios Omnipotente* [*El-Shaddai*] *os dé misericordia delante de aquel varón, y os suelte al otro vuestro hermano, y a este Benjamín*" (versículo 14). Pensaba que si sus hijos hacían lo correcto, el Dios Todopoderoso les bendeciría.

Cuando Jacob llamó a sus hijos a su lecho de muerte para darles la última bendición, le dijo a José: "*Le*

El Dios Todopoderoso honra a los que le honran con una vida santa.

causaron amargura, le asaetearon, y le aborrecieron los arqueros; mas su arco se mantuvo poderoso, y los brazos de sus manos se fortalecieron por las manos del Fuerte de Jacob... Por el Dios de tu padre, el cual te ayudará, por el Dios Omnipotente [Shaddai], el cual te bendecirá" (Génesis 49:23–25). Jacob sabía que Dios bendeciría a José porque el joven había hecho lo correcto, a pesar de lo que sus hermanos le habían hecho a él. El Dios Todopoderoso honra a los que le honran con una vida santa.

Observe que Dios primero le dijo a Abram que "fuera perfecto", y *después* "haría un pacto" con nosotros; si nosotros fallamos, Él no nos ofrece nada.

No hace falta decir que Dios hará cosas maravillosas en nuestras vidas si comenzamos a hacer todo lo que Él nos dice que hagamos. Sin embargo, en el momento en que cuestionamos a Dios, desafilamos sus bendiciones. Cuando Dios nos da una orden y promete bendecirnos si llevamos a cabo esa orden, no deberíamos decir: "Espera un minuto, Señor. ¿Cómo vas a hacer esto?". La persona de fe debe caminar en una confianza sencilla en que el Señor hará lo que ha dicho que hará.

Una noche, mientras oraba al Señor, Él me dijo que quería que ganara un millón de almas para Él. ¡Imagínese! Vaya, me hubiera emocionado sólo con ganar cien almas para el Señor, ¡pero un millón! Sin embargo, cuando Dios dice que va a hacer algo, es mejor que le creamos. Y creo que Él va a bendecir mi ministerio de esa forma, si sigo obedeciéndole.

Dios—El comienzo de la grandeza

Estoy seguro de que si Abraham le hubiera contado a sus vecinos lo que Dios había prometido hacer con él, ellos habrían pensado que estaba loco. ¿Una gran nación saldría de ese viejo arrugado morador de tiendas? ¿Ese abuelete centenario tendría más hijos con su esposa de noventa y nueve años? Estoy seguro de que los amigos de Abraham se habrían reído sólo de pensarlo; les habría parecido ridículo, totalmente imposible.

Pero Dios necesita hombres y mujeres dispuestos a que les tomen por locos por causa de Él. El Señor necesita cristianos que se mantengan firmes con Pablo y digan: "*Nosotros somos insensatos por amor de Cristo, mas vosotros prudentes en Cristo*" (1 Corintios 4:10). La única manera en que este mundo aprenderá la verdad del evangelio es si las personas como usted y yo "sacamos la cabeza" para creer lo que Dios promete.

Eso es lo que hizo Abraham. (Dios le dio un nuevo nombre). Al principio, él también pensaba que la promesa de Dios era para reírse; pero siguió adelante y la creyó. Sara, su esposa, dijo: "*Dios me ha hecho reír, y cualquiera que lo oyere, se reirá conmigo*" (Génesis 21:6). Y dijo: "*¿Quién dijera a Abraham que Sara habría de dar de mamar a hijos? Pues le he dado un hijo en su vejez*" (versículo 7). Sólo Dios podría haberles prometido algo así. Cualquier otra persona hubiera pensado que era imposible cumplir tal promesa, "*Mas para Dios todo es posible*" (Mateo 19:26).

Al principio, él también pensaba que la promesa de Dios era para reírse; pero siguió adelante y la creyó.

Si le hubiera dicho a las personas de mi congregación hace veinte años lo que Dios haría con nuestro ministerio de radio y televisión, habrían explotado de la risa. ¿Quién podría haber creído que Él nos daría ocho estaciones de televisión en propiedad, mas una estación de radio? ¿Quién habría creído que haríamos cientos de casetes y vídeos de nuestros servicios de alabanza cada semana para enviar a personas alrededor del mundo? ¿Quién habría creído que nuestro garaje estaría lleno de imprentas, máquinas para enviar correspondencia y aparatos electrónicos sofisticados? ¿Quién hubiera creído que tendríamos nuestra propia universidad cristiana, que envía misioneros por todo el planeta? Nadie lo hubiera creído. Pero todas estas cosas han sucedido por la gracia del Señor. Hacemos bien en creer a Jesús cuando dice: "*Mas para Dios todo es posible*".

El profeta Isaías predijo que Dios enviaría a su Ungido a liberar a la nación de Israel de todos sus enemigos, especialmente del enemigo espiritual, Satanás. Pero Isaías también dijo: "*¿Quién ha creído a nuestro anuncio? ¿y sobre quién se ha manifestado el brazo de Jehová?*" (Isaías 53:1). La respuesta era simple: sólo aquellos que tenían valor suficiente para creer que Dios hace lo que dice que hará. Para el mundo, quizá los creyentes parezcan ser necios, pero son sabios a ojos del Señor. Son los que verán "*manifestado el brazo de Jehová*" de formas poderosas y asombrosas.

Cuando yo era un niño, teníamos muchos lemas colgados de las paredes de nuestra casa. Cada uno tenía un versículo de la Biblia o alguna otra frase pensada para fortalecer nuestra fe. Y una de esas frases decía: "Yo soy El-Shaddai". Si algún visitante no sabía lo que eso significaba, mi madre podía tomarse una hora para explicárselo. Aún recuerdo cuánto se emocionaba cuando contaba lo grande, maravilloso y poderoso que realmente es Dios.

Amigo mío, usted y yo tenemos que alegrarnos hoy en la grandeza de Dios. Tenemos que recordarnos que sin duda Él es *El-Shaddai*, "Dios el Todopoderoso", y que Él puede manejar cualquier problema que tengamos. Es fácil tener una fe endeble porque suponemos que Dios es endeble. Pensamos en lo secreto que no es capaz de marcar una diferencia en nuestras vidas.

Nuestra fe crece cuando nos damos cuenta de la grandeza de Dios.

Pero cuando nos damos cuenta de que es el Dios Todopoderoso, el Rey Todopoderoso del universo, comenzamos a ver cosas maravillosas en nuestras vidas. Nuestra fe crece cuando nos damos cuenta de la grandeza de Dios.

El Dr. Robert H. Schuller cuenta de un turista que caminaba por el embarcadero de un paseo marítimo una noche y vio un pescador sacando un gran pez, el cual midió y volvió a arrojar al mar. Este hecho intrigó al turista, así que siguió observando. Enseguida el pescador pescó un pez mucho más pequeño, lo midió, y lo metió en su cubo. Siguió haciendo eso durante un tiempo, devolviendo los peces grandes y guardando sólo los pequeños. Entonces el turista le preguntó por qué hacía eso.

"¿Por qué?", dijo el pescador, "¡porque mi sartén sólo mide veinticinco centímetros!".[4]

¿Está usted haciendo eso con las promesas de Dios? ¿Está "devolviendo" los milagros grandes que Él quiere hacer en su vida, y "guardando" sólo las cosas pequeñas y creíbles que Él promete? ¡Permita que Dios sea *El-Shaddai* en su vida! ¡Permita que sea el Dios Todopoderoso que puede ser! Ponga toda su confianza en su infinita grandeza, ¡y Él hará de usted lo que quiere que sea!

Ponga atención a lo que Dios le prometió a Abraham en Génesis:

> *Y te daré a ti, y a tu descendencia después de ti, la tierra en que moras, toda la tierra de Canaán* ***en heredad perpetua****; y seré el Dios de ellos.* (Génesis 17:8, énfasis añadido)

Dios le dio Abrahán toda la tierra de Canaán como heredad perpetua para él y su familia. Los judíos han sido expulsados de esa tierra una y otra vez, pero siempre regresan porque les pertenece. *Dios honró la fe de Abraham dándole el único bien raíz permanente sobre la faz de la tierra.* ¡Así de grande es Dios!

Los diplomáticos de las Naciones Unidas han puesto toda su sabiduría humana para resolver el problema de la división de la tierra de Palestina. No están seguros de cuánta tierra debería pertenecer a Israel, cuánta a Jordania, cuánta a Egipto, y cuánta al Frente de Liberación Palestina. ¡Pero sólo hay un problema con todo su debate y sus maniobras políticas! Dios dice que la tierra le pertenecerá siempre a Israel. No digo esto porque yo sea pro-israelí o anti-palestino; lo digo porque la Palabra de Dios lo dice. Dios es suficientemente grande como para respaldar la promesa que le hizo a Abraham, y lo hará mucho después de que las Naciones Unidas se hayan disuelto. Y hará que su promesa permanezca, porque Él es *El-Shaddai.*

Dios le dio a Abraham dos hijos, Ismael e Isaac. Ismael era el ancestro del pueblo árabe, mientras que Isaac era el ancestro de los judíos. Estos dos grupos de gentes acaparan gran parte de la riqueza material en nuestro mundo actualmente. No digo esto para que fijemos nuestra atención en los judíos o en los árabes, sino para que nos fijemos en Aquel que les hizo ser lo que son. El Dios Todopoderoso no ha fallado en cumplir la promesa que les hizo a los descendientes de Ismael e Isaac, incluso en la actualidad; y cumplirá sus promesas eternamente.

Dios bendice a las personas que creen que Él es tan grande como realmente es.

Dios bendice a las personas que creen que Él es tan grande

como realmente es. Dios incluso bendice a los hijos de las personas que creen.

Sé que los teólogos liberales negarían la frase que acabo de decir; pero no por ello deja de ser cierta. Sería interesante hacer un estudio de los altos mandatarios de las empresas de "Fortune 500", y ver cuántos de ellos son hijos e hijas de padres creyentes devotos. Creo que descubriría que un gran número de ellos lo son. (Conozco a algunas de esas personas, por eso sé que no es una declaración hecha "a la ligera"). Haga un repaso de los miembros del Congreso, los gobernadores de nuestros estados y los demás líderes políticos destacados de nuestra nación, y creo que descubrirá que la mayoría de ellos crecieron en hogares que temían y honraban a Dios. He hablado con algunos de los principales líderes políticos de nuestra nación, y la mayoría de ellos dicen que sus padres oraban por ellos. Sus padres dijeron: "Señor, reclamo tus promesas. Bendice a mis hijos". Y el Señor lo hizo.

Así que no importa lo simple que pueda parecer, le vuelvo a repetir: Dios bendice a las personas que creen que Él es tan grande como realmente es. Además, Él bendice también a sus hijos. "*Porque se acordó de su santa palabra dada a Abraham su siervo. Sacó a su pueblo con gozo; con júbilo a sus escogidos*" (Salmos 105:42–43).

Obedezca su Palabra—Reclame su poder

Por supuesto, estas promesas no les cayeron por casualidad a los hijos de Abraham. Tuvieron que permanecer fieles al pacto que Dios hizo con Abraham antes de que pudiera bendecirles como Él quería. "*Dijo de nuevo Dios a Abraham: En cuanto a ti, guardarás mi pacto, tú y tu descendencia después de ti por sus generaciones. Este es mi pacto, que guardaréis entre mí y vosotros y tu descendencia después de ti*" (Génesis 17:9–10).

"Hermano Sumrall", dirá usted, "¿espera que me crea que todos los judíos han obedecido el pacto de Dios?". Claro que no. De hecho, la historia demuestra que la mayoría de los judíos rechazaron el pacto de Dios y negaron a su propio Hijo amado que vino a morir por ellos. Pero unos pocos fueron fieles, y Dios siguió bendiciendo a la nación por ellos. Cuando Dios predijo el funesto destino de Israel a manos de los merodeadores asirios y babilonios, dijo:

> *Y dejaré en medio de ti un pueblo humilde y pobre, el cual confiará en el nombre de Jehová. El remanente de Israel no hará injusticia ni dirá mentira, ni en boca de ellos se hallará lengua engañosa; porque ellos serán apacentados, y dormirán, y no habrá quien los atemorice.* (Sofonías 3:12–13)

Este fiel remanente de judíos mantuvo vivo el pacto de Dios. Ellos fueron la razón por la que Dios siguió bendiciendo a los judíos, aunque la mayoría de ellos se alejaron de Él. Sus enemigos triunfaron sobre ellos durante un tiempo, pero al final "*el remanente de mi pueblo los saqueará, y el remanente de mi pueblo los heredará*" (Sofonías 2:9). Aunque la mayoría de los judíos desobedecieron a Dios y menospreciaron su pacto, quedaron algunos fieles que bastaron para mantener abierto el canal de las bendiciones de su pacto. Hoy hay miles de judíos cristianos, judíos que han aceptado a Jesús como su Mesías, viviendo en la tierra de Israel. Viven sobre la base del Nuevo Pacto de Dios, sellado con la sangre de Cristo. Podemos esperar que Dios siga bendiciendo a Israel materialmente debido a su fidelidad.

¿Y qué ocurre con los descendientes de Ismael? ¿Cómo podemos explicar el tremendo poder que tienen los árabes en la actualidad?

El hecho de que Dios les está bendiciendo indica que algunos de ellos deben de serle fieles aún.

Nuevamente, debemos remontarnos al fiel remanente que ha guardado el pacto de Abraham con Dios. Concedido, son la "oveja negra" de la familia del pacto debido al descendiente ilegítimo de Abraham, Ismael. Sin embargo, pertenecen a esa familia. Aunque no son salvos, el hecho de que Dios les está bendiciendo indica que algunos de ellos deben de serle fieles aún. El teólogo Dr. William Smith observa lo siguiente:

> Los hijos de Ismael poblaron el norte y el oeste de la península de Arabia, y finalmente formaron el elemento clave de la nación árabe, las tribus errantes de beduinos. Ahora son principalmente seguidores de Mahoma, al cual ven como su padre espiritual, así como los judíos ven a Abraham.[5]

Pero recuerde que Mahoma no nació hasta el siglo VI d.C. ¿Qué ocurrió con los descendientes de Ismael hasta entonces? ¡Muchos se hicieron cristianos! De hecho, Mahoma tuvo que convertir a varias comunidades cristianas en Arabia antes de poder consolidar su poder allí.[6] Mahoma tenía tantos amigos cristianos que su doctrina islámica fue de hecho "una teología que compartía elementos del judaísmo, el cristianismo y el paganismo árabe".[7] Muchos de los descendientes de Ismael fueron ganados para Cristo durante los seiscientos años anteriores a la fanática campaña de Mahoma.

Mahoma intentó barrer al cristianismo en Arabia, pero fracasó. Aún existe un pequeño grupo, fuerte y tenaz de comunidades cristianas en Egipto, Irán, Arabia Saudita, y las otras naciones árabes ricas en petróleo del

Oriente Medio. ¿Es realmente una coincidencia, entonces, que Dios haya bendecido a estas naciones? Yo creo que no.

El Dios Todopoderoso, *El-Shaddai*, es mucho más grande que cualquier teoría política, sistema económico o utopía social. Dios bendice a los que le son fieles, aunque su bendición contradiga la lógica humana. Y en el caso de los judíos y los árabes, vemos a Dios bendiciendo a los descendientes de un hombre que, en base a las probabilidades humanas, hubiera sido olvidado en el polvo de la historia de no haber sido por un incidente: *"Abraham creyó a Dios, y le fue contado por justicia"* (Santiago 2:23).

¿Cree que Dios es todopoderoso? ¿Cree que Dios le dará *"toda buena dádiva y todo don perfecto"* (Santiago 1:17) que necesite para servirle? Entonces prepárese para que Dios haga cosas maravillosas en su vida y en las vidas de sus hijos.

Notas

1. W. A. Criswell, ed., *The Criswell Study Bible* (Nashville: Thomas Nelson Publishers, 1979), p. 27.
2. Al Oerter, "The Challenge", *Guideposts* (Abril 1980), p. 5.
3. J. Daniel Hess, *Ethics in Business and Labor* (Scottdale, Pa.: Herald Press, 1977), p. 64.
4. Robert H. Schuller, *You Can Become the Person You Want to Be* (Old Tappan, N.J.: Spire Books, 1976), p. 21.
5. E. N. y M. A. Peloubet, "Revelation", en *A Dictionary of the Bible*, ed. William Smith (Nashville: Thomas Nelson Publishers, 1979), p. 269.
6. William M. Miller, *A Christian's Response to Islam* (Wheaton, Ill.: Tyndale House Publishers, Inc., 1980), p. 35.
7. Howard F. Vos, *Highlights of Church History* (Chicago: Moody Press, 1960), p. 53.

Capítulo 6

El Señor proveerá (Jehová-Yiréh)

Cuando la fe de Abraham fue probada fuertemente, Dios reveló otro de sus nombres. Este nombre animó la fe de Abraham y debería animar hoy día nuestra fe. El nombre es *Jehová-Yiréh*, que significa "el Señor proveerá".

Vaya a Génesis 21 para ver la historia de Abraham.

> *Y plantó Abraham un árbol tamarisco en Beerseba, e invocó allí el nombre de Jehová Dios eterno. Y moró Abraham en tierra de los filisteos muchos días. Aconteció después de estas cosas, que probó Dios a Abraham.*
>
> (Génesis 21:33–22:1)

Alguna versión de la Biblia en inglés usa la palabra *tentar* en lugar de probar, lo cual no es muy acertado según los originales hebreos. La mayoría de las versiones de la Biblia en español usan la palabra *probar* (RVR, LBLA, NVI, NTV). Dios nunca tienta a nadie a pecar.

> *Y le dijo* [Dios]: *Abraham. Y él respondió: Heme aquí. Y dijo: Toma ahora tu hijo, tu único, Isaac, a quien amas, y vete a tierra de Moriah, y*

ofrécelo allí en holocausto sobre uno de los montes que yo te diré. (Génesis 22:1–2)

La región de Moriah es donde está ahora situada Jerusalén. Al menos siete colinas, o "montes", forman la ciudadela de la ciudad.

Me acuerdo bien que visitando Jerusalén con un guía turístico hace algunos años, me dijo: "¿No es interesante que Abraham encontrara el monte adecuado para su sacrificio? Porque si no lo hubiera hecho, lo habría encontrado el cordero necesario" (compare Génesis 22:13). Dios tenía un cordero preparado para Abraham, y el monte donde Él quería que Abraham ofreciera su sacrificio. Abraham no sabía que había encontrado el monte correcto hasta que llegó allí. ¿No está usted contento de que Dios sea más sabio que nosotros?

Dios proveyó un lugar específico para que Abraham le adorara.

Dios proveyó un lugar específico para que Abraham le adorara. Creo que Dios sigue haciendo eso con su pueblo. Creo que ciertas personas deberían estar adorando en el Christian Center (Centro Cristiano), donde soy pastor; cuando adoran en otro lugar, no obtienen la bendición que hubieran recibido en el Centro. De igual forma, conozco algunas personas que han intentado adorar en mi congregación pero deberían estar adorando en otro lugar. A veces he tenido que decírselo. No se dan cuenta de que se están perdiendo una bendición hasta que adoren con las personas que Dios quiere que adoren, y del modo en que Él quiere que adoren. Los planes de Dios para nosotros son así de específicos.

Y Abraham se levantó muy de mañana, y enalbardó su asno, y tomó consigo dos siervos suyos, y a Isaac su hijo; y cortó leña para el holocausto, y se levantó, y fue al lugar que Dios le dijo. (Génesis 22:3)

Abraham estaba preparado para obedecer al Señor. No dijo: "Escucha, Señor, me llevará unos días preparar las cosas". Dios le dijo lo que hacer, y a la mañana siguiente, Abraham salió dispuesto a hacerlo.

Si estudia las vidas de otros gigantes espirituales, encontrará que fueron como Abraham en este aspecto. Nunca dudaron en hacer lo que Dios les dijo, ni consultaron con sus amigos antes de decidir si obedecer o no al Señor. Imagine que Abraham hubiera llamado a su siervo más antiguo y le hubiera dicho: "Eleazar, eres mi principal consejero. Algún día te enviaré a que encuentres una esposa para mi hijo Isaac. Pero el Señor dice que debo llevar a Isaac a Moriah y ofrecerle como un sacrificio sobre el altar. ¿Qué crees que debería hacer?".

El siervo probablemente hubiera dicho: "¡Bueno! Si hace lo que cree que el Señor le ha dicho que haga, ¡no tendremos a nadie a quien buscarle esposa! ¿Se ha vuelto loco?".

Amigo, si depende sólo de que otras personas le digan cuál es la voluntad de Dios para su vida, nunca hará la voluntad de Él. Mientras siga tirando del borde de la camisa de su amigo y diciendo: "¿Qué crees que debo hacer?", dificultará más que Dios le hable.

Creo que el Espíritu Santo nos guía tanto desde dentro como desde fuera, de una forma maravillosa.

Creo que el Espíritu Santo nos guía tanto desde dentro como desde fuera, de una forma maravillosa. Él no tiene que tirarnos al suelo con rayos para que entendamos el mensaje de Dios; simplemente indica la dirección en la que debemos ir, y las puertas abiertas que deberíamos seguir. Después el resto nos lo deja a nosotros. No quiero decir con esto que debamos hacer caso omiso del sabio consejo de otros cristianos más maduros, como pueden ser nuestros ancianos. Hebreos 13:17 dice: "*Obedeced a vuestros pastores* [espiritualmente], *y sujetaos a ellos; porque ellos velan por vuestras almas*".

Creo que cada hijo de Dios está viviendo en la voluntad de Dios, a menos que se haya revelado contra ello conscientemente. No creo que la voluntad de Dios sea algún tipo de secreto oscuro e insondable que hace necesario que usted llore y grite para poder encontrarlo. Mientras obedezca la dirección interna de su Espíritu y tenga la paz interior que Él da a sus hijos obedientes, no necesita consultar a cada persona con la que se encuentre para decidirse a actuar.

En mi propia experiencia como padre he podido comprobar esto. Un padre no puede seguir a sus hijos a cada lugar donde ellos van; si lo intentara, se agotaría. Debe confiar en que ellos le obedecerán aunque no les esté viendo. Sólo cuando sus hijos se rebelan abiertamente contra su voluntad o ignoran su voluntad es cuando el padre tiene que disciplinarles.

Recuerde siempre que Dios es su Padre amoroso. Él no le acosa con su voluntad; simplemente se la revela, y luego confía en que usted la siga. Y la única vez en que sentirá su mano de castigo es cuando viole o ignore su voluntad.

Observe lo que hizo Abraham después:

> *Al tercer día alzó Abraham sus ojos, y vio el lugar de lejos. Entonces dijo Abraham a sus siervos: esperad aquí con el asno, y yo y el muchacho iremos hasta allí y adoraremos, y volveremos a vosotros.* (Génesis 22:4–5)

El viaje desde Beerseba hasta Moriah era largo y difícil. ¡No es de extrañar que Abraham llevara dos siervos con él! Pero cuando llegaron al lugar de adoración, dejó atrás a los siervos con su burro. Dios había ordenado que el sacrificio lo ofrecieran sólo él y su hijo. No obstante, él dijo con seguridad que "volverían" con los siervos. ¿Qué quería decir con eso? Quiso decir que creía que su hijo viviría, independientemente de lo que ocurriera en lo alto de esa montaña rocosa. Me le imagino diciendo: "Señor, aunque mi hijo arda en llamas, ordenaré a las cenizas que se levanten y bajen la montaña conmigo". ¡Eso es fe! Abraham sabía que Dios le había prometido un hijo; de hecho, le había prometido una larga línea de descendientes, así que sabía que su hijo viviría.

> *Y tomó Abraham la leña del holocausto, y la puso sobre Isaac su hijo, y él tomó en su mano el fuego y el cuchillo; y fueron ambos juntos. Entonces habló Isaac a Abraham su padre, y dijo: Padre mío. Y él respondió: Heme aquí, mi hijo. Y él dijo: He aquí el fuego y la leña; mas ¿dónde está el cordero para el holocausto? Y respondió Abraham: Dios se proveerá de cordero para el holocausto, hijo mío. E iban juntos.*
> (Génesis 22:6–8)

¡Qué sorprendente exhibición de fe! Con un cuchillo en su mano y las llamas creciendo en su antorcha, le dijo a su hijo: "*Dios se proveerá de cordero para el holocausto*"

> *Y cuando llegaron al lugar que Dios le había dicho, edificó allí Abraham un altar, y compuso la leña, y ató a Isaac su hijo, y lo puso en el altar sobre la leña.* (versículo 9)

En este momento, la fe de Abraham tenía que convertirse también en la fe de Isaac.

En este momento, la fe de Abraham tenía que convertirse también en la fe de Isaac. El anciano había prometido que Dios proveería un sacrificio, y ahora puso a su propio hijo sobre el altar. Imagino que le debió de haber susurrado a Isaac al oído: "No temas, hijo. Ven conmigo hasta el final y no tengas miedo, y si te sientes un poco temeroso, cierra tus ojos y piensa en Jehová".

> *Y extendió Abraham su mano y tomó el cuchillo para degollar a su hijo. Entonces el ángel de Jehová le dio voces desde el cielo, y dijo: Abraham, Abraham. Y él respondió: Heme aquí. Y dijo: No extiendas tu mano sobre el muchacho, ni le hagas nada; porque ya conozco que temes a Dios, por cuanto no me rehusaste tu hijo, tu único.* (Génesis 22:10–12)

El mensajero de Dios suspendió una sentencia de ejecución en el último segundo. La fe de Abraham fue probada hasta el máximo, y demostró ser fuerte. Dios tuvo en cuenta esa fe perdonando a su hijo Isaac.

> *Entonces alzó Abraham sus ojos y miró, y he aquí a sus espaldas un carnero trabado en un zarzal por sus cuernos; y fue Abraham y tomó el carnero, y lo ofreció en holocausto en lugar de su hijo. Y llamó Abraham el nombre de aquel lugar, Jehová proveerá.* (versículos 13–14)

Hoy día, la mezquita de Omar se alza sobre el punto donde se cree que Abraham llevó a cabo este histórico sacrificio. Bajo la cúpula de la mezquita hay una gran piedra, la piedra de Abraham, con una gran cavidad en su base. La tradición dice que el rey Salomón ofreció sacrificios animales allí, dejando que la sangre fluyera hasta la cueva. No sabemos si es verdad, pero sabemos que cuando Abraham e Isaac estuvieron en ese lugar, no había edificios allí. Nada obstruía que pudieran ver las siete colinas de Moriah. Podían ver el monte Gólgota, a unos cientos de metros de distancia, donde Jesucristo ofrecería su vida como el sacrificio final y completo por los pecados del hombre. Jesús les dijo a los judíos: *"Abraham vuestro padre se gozó de que había de ver mi día; y lo vio, y se gozó"* (Juan 8:56).

¡Oh, qué día de regocijo debió de haber sido! ¡Qué jubiló debieron de haber sentido Abraham e Isaac cuando levantaron sus manos hacia el cielo y exclamaron: "*Jehová-Yiréh*: ¡El Señor proveerá!".

Jehová-Yiréh no sólo sería el nombre para ese lugar; podemos decir que fue su nombre para Dios, porque en ese momento ellos sabían que Dios era el Proveedor de todo lo que necesitaban. Había provisto el Cordero que toda la humanidad necesitaría para el sacrificio. *Jehová-Yiréh*: "¡El Señor proveerá!".

Su provisión para usted

Cuando los soldados marchan a la batalla, llevan provisiones en sus mochilas: comida, agua y vitaminas, para darles a sus cuerpos fuerza para el combate.

Se dé usted cuenta o no, Dios le da provisiones para las batallas espirituales que afronta. Cuando rinde su vida a Cristo y le permite tomar todo el control, usted se convierte en un soldado del ejército del Señor. Como el renombrado misionero Hudson Taylor dijo una vez: "El trabajo de Dios hecho a la manera de Dios no puede quedarse sin la provisión de Dios".

En la misma noche que fue traicionado, Jesús les preguntó a sus discípulos: "*Cuando os envié sin bolsa, sin alforja, y sin calzado, ¿os faltó algo? Ellos dijeron: Nada*" (Lucas 22:35). Dios proveyó la comida, la ropa y el dinero que aquellos primeros evangelistas necesitaron cuando salieron a hablar al mundo de Jesús. Lo mismo ocurre hoy. Dios provee lo que sus siervos necesitan para servirle.

Yo soy un testimonio vivo de este hecho. Todo lo que tengo hoy vino de la mano del Señor. De hecho, le debo mi propia vida a Él, porque he estado al borde de la muerte dos veces y Él me ha sanado milagrosamente. En cada ocasión descubrí que cuando me comprometí a servirle con cada fibra de mi ser, Él me dio salud y fuerza para sobrevivir.

En la actualidad, algunas personas pasan por delante de nuestra propiedad en South Bend y dicen: "¡Caramba, que casa tan bonita tiene el hermano Sumrall!". Y es cierto, pero no se le puede atribuir el mérito a Lester Sumrall; el reconocimiento entero es para el Señor, que me proveyó de esa casa. Algunas personas entran en nuestros estudios de televisión en South Bend o en Indianápolis y exclaman: "¡Vaya, el hermano Sumrall no ha escatimado en gastos aquí!". Y estoy de acuerdo: es caro hacer un trabajo de primera clase en el misterio de la televisión. Sin embargo, no puedo atribuirme el mérito de todo el equipo; el mérito es del Señor, pues Él nos lo dio.

El Señor proveerá todo lo que un cristiano necesita para hablarles a sus amigos no creyentes de Jesús.

El Señor proveerá todo lo que un cristiano necesita para hablarles a sus amigos no creyentes de Jesús. Ya sea algo material o espiritual, obvio o escondido, el libro adecuado que prestar o un verdadero pensamiento acerca de lo que uno necesita oír, independientemente de lo que se necesite, el Señor lo proveerá mientras use su provisión para servirle a Él.

> *Y poderoso es Dios para hacer que abunde en vosotros toda gracia, a fin de que, teniendo siempre en todas las cosas todo lo suficiente, abundéis para toda buena obra; como está escrito: Repartió, dio a los pobres; su justicia permanece para siempre. Y el que da semilla al que siembra, y pan al que come, proveerá y multiplicará vuestra sementera, y aumentará los frutos de vuestra justicia.*
>
> (2 Corintios 9:8–10)

Observe la promesa que Dios nos da en estos tres cortos versículos de la Biblia:

Dios "*dará semilla al que siembra*".

Dios "le dará pan para que coma". Este es el tipo de provisión del que Hudson Taylor hablaba, y el que yo mismo he experimentado. El salmista dijo: "*Joven fui, y he envejecido, y no he visto justo desamparado, ni su descendencia que mendigue pan*" (Salmos 37:25). Esto fue cierto mucho antes de los economatos y la Seguridad Social; y sigue siendo verdad en la actualidad. Dios no permite que su pueblo pase hambre. No permitirá que se vistan con andrajos en lugar de ropa. No les abandonará hasta la muerte helados de frío bajo la nieve. Dios provee para las necesidades físicas de sus hijos.[1]

Dios se ocupará de convencer los corazones de las personas inconversas que oigan de usted el evangelio.

Dios "*multiplicará su sementera*". En otras palabras, Dios se ocupará de convencer los corazones de las personas inconversas que oigan de usted el evangelio. No se desanime si sus amigos inconversos no piden hacerse cristianos. Su trabajo es hablarles de Jesús. Después el Espíritu Santo de Dios puede comenzar su obra de convicción en sus vidas (véase Juan 16:8–11). Él hará que la semilla que usted siembre dé fruto.

Dios "*aumentará los frutos de su justicia*". Él promete no sólo multiplicar el fruto de su testimonio, sino el fruto de su manera de vivir. Santiago 3:18 dice: "*Y el fruto de justicia se siembra en paz para aquellos que hacen la paz*". Y Gálatas dice: "*Mas el fruto del Espíritu es amor, gozo, paz, paciencia, benignidad, bondad, fe, mansedumbre, templanza; contra tales cosas no hay ley... Si vivimos por el Espíritu, andemos también por el Espíritu*" (Gálatas 5:22–23, 25). Entonces, el fruto de justicia es la manifestación externa de ser lleno del Espíritu Santo de Dios. Alguien que está lleno evidencia todas las buenas actitudes descritas anteriormente. Dios hará que esas actitudes emerjan en su vida mientras le sirve.

Esas son las provisiones de Dios para usted si es uno de sus hijos. Puede disfrutar de ellas sólo si es su hijo. ¿Y cómo se convierte en su hijo? Jesús se lo explicó al líder judío Nicodemo, diciendo:

> *El que no naciere de agua y del Espíritu, no puede entrar en el reino de Dios. Lo que es nacido de la carne, carne es; y lo que es nacido del Espíritu, espíritu es. No te maravilles de que te dije: Os es necesario nacer de nuevo.*
>
> (Juan 3:5–7)

Así es como usted consigue esas preciosas provisiones de Dios: "naciendo de nuevo" a través del agua limpiadora de la salvación y la llenura del Espíritu de Cristo. Debe arrepentirse de sus pecados, aceptar a Jesús como su único Salvador, y permitir que Él le llene con su Espíritu Santo. Cuando pasa a formar parte de los escuadrones de los renacidos, hereda todas las preciosas provisiones de Dios.

Dios también provee para nosotros en medio de los problemas. Billy Graham ha dicho:

> Yo dudo seriamente si alguna vez entenderemos nuestras pruebas y adversidades hasta que estemos seguros en el cielo. Entonces, cuando miremos atrás nos quedaremos totalmente sorprendidos de cómo Dios cuidó de nosotros y nos bendijo incluso en medio de las tormentas de la vida. Afrontamos peligros cada día y ni siquiera somos conscientes.[2]

Sí, Dios proveerá la ayuda que necesitamos para vivir nuestras vidas para Él, y proveerá la paciencia para soportar las tribulaciones por su causa. Y finalmente, proveerá un hogar eterno para nosotros alrededor de su trono celestial. *Jehová-Yiréh*: ¡El Señor proveerá!

Notas

1. Quizá alguien se pregunte: "¿Qué ocurre con los cristianos en África que se están muriendo de hambre? ¿O los cristianos en la India y el Caribe que no tienen hogares? ¿No provee Dios para ellos?". Yo diría que sí. Dios provee para ellos, pero las personas encargadas de repartir los bienes en su nombre no siempre siguen sus instrucciones. Me temo que muchos de nosotros en América somos responsables de la provisión de Dios para nuestros hermanos y hermanas cristianos en esos otros países, pero rehusamos compartir esa provisión como debiéramos. Dios nos pedirá cuentas.
2. Billy Graham, *Till Armageddon: A Perspective on Suffering* (Waco, Tex.: Word Books, 1981), p. 168.

Capítulo 7

El Señor es Sanador (Jehová-Refeka)

Dios hizo nuestros cuerpos, y Dios puede sanarlos y mantenerlos saludables si cumplimos sus condiciones obedeciendo sus instrucciones. Dios se lo demostró a los hijos de Israel cuando Moisés les sacó de la esclavitud en Egipto.

Éxodo capítulo 15 nos dice que los israelitas se gozaron al ver cómo Dios les liberaba de los egipcios. Recordará que Dios abrió el mar Rojo para que pudieran cruzar por tierra seca, y luego hizo que las aguas se volvieran a juntar inundando a los ejércitos egipcios que les perseguían. ¡Fue una victoria tremenda! Y los israelitas lo celebraron cantando y danzando, con la hermana de Moisés, Miriam, dirigiendo las festividades (véase Éxodo 15:20–21). Pero tres días después, cuando no pudieron encontrar agua potable, los israelitas comenzaron a quejarse (véase versículos 22–24).

¿No es eso igual que la inconstante naturaleza humana? Nos olvidamos de la bondad de Dios con mucha facilidad. Pero en este momento de angustia, Dios le habló a su pueblo a través de Moisés y reveló otro nombre para sí mismo, un nombre que les animaría para los años sucesivos:

Allí les dio estatutos y ordenanzas, y allí los probó; y dijo: Si oyeres atentamente la voz de Jehová tu Dios, e hicieres lo recto delante de sus ojos, y dieres oído a sus mandamientos, y guardares todos sus estatutos, ninguna enfermedad de las que envié a los egipcios te enviaré a ti; porque yo soy Jehová tu sanador [*Jehová-Refeka*]. (Éxodo 15:25–26)

Observe que Dios dijo: "Yo soy el Señor que les sana si hacen lo que les dicho que hagan". Su promesa llegó con un requisito, una condición que los israelitas tenían que cumplir si querían que Él les sanara.

La pregunta del "¿por qué?"

Muchas personas vienen a mi estudio y me hacen preguntas como estas: "Hermano Sumrall, ¿por qué no he sido sanado?"; "¿Por qué murió mi madre?"; "¿Por qué mi bebé nació discapacitado?".

Todos tenemos muchas preguntas de tipo "¿por qué?". Yo mismo tengo muchas. Y no recibiré respuestas para todas ellas en esta vida. Tendrán que esperar hasta que estemos con el Señor en el cielo. Pero Éxodo 15:26 nos da alguna perspectiva para muchas de las preguntas que tenemos sobre la sanidad.

Muchas de nuestras preguntas de tipo "por qué" quedarían respondidas si mirásemos nuestra manera de vivir y la comparásemos con el estándar de vida que requiere la Palabra de Dios. Entonces nos daríamos cuenta de que no estamos viviendo según las condiciones estipuladas por Dios.

La mayoría de las personas leen los *beneficios* prometidos en la Palabra de Dios, pero no leen las *condiciones* que les acompañan. Y esa es normalmente la razón por la que no comprenden por qué no llegó la sanidad.

La mayoría de las personas leen los *beneficios* prometidos en la Palabra de Dios, pero no leen las *condiciones*.

Si un vendedor de seguros llega a su casa y le ofrece una póliza de un millón de dólares, no comenzará su discurso de ventas diciéndole lo mucho que tendrá que pagar para conseguir dicha cobertura, sino que empezará vendiéndole lo mucho que obtendrá por ella. Ese es su trabajo. Le dirá: "Si alguna vez se pone enfermo, le pagaremos tanto dinero cada día; nos ocuparemos de todos sus gastos hospitalarios; le pagaremos al doctor todo lo que usted deba. Si se queda sin trabajo, le pagaremos una compensación laboral". Y continuará dándole detalles. Sólo cuando usted se emocione lo suficiente como para "firmar en la línea punteada" empezará a contarle todas las primas que deberá pagar. Él sabe que usted preferirá pensar en los beneficios.

Eso es lo que estaban haciendo los hijos de Israel. Debieron de haber pensado: "¿No es fantástico tener todos estos beneficios que el Señor nos va a dar?". Pero no pusieron atención a los requisitos que Él les pedía; preferían no pensar en hacer "*lo recto delante de sus ojos*" o "*dar oído a sus mandamientos*" o "*guardar todos sus estatutos*".

Por supuesto, nosotros somos iguales. Estamos tan deseosos de obtener los beneficios de Dios que nos olvidamos de lo que nos pide. Así que avanzamos unos cuantos pasos en nuestra vida cristiana, y después retrocedemos uno. Recibimos la salvación y comenzamos a testificar como un zelote, y después nos tambaleamos al primer atisbo de problemas que llegan a nuestro encuentro. Si tan sólo nos aferrásemos a la Palabra de Dios y obedeciéramos lo que Él nos dice que hagamos en ella, Dios nos bendeciría.

La intención de Dios era que todos sus hijos fueran saludables. Adán y Eva fueron creados perfectos, sin achaques. Aunque rechazamos la bondad de Dios y rechazamos la salud que Él nos ofrece (a través de la Caída), Él fue misericordioso y a cambio nos dio sanidad.

Seguro que alguien dirá: "¿Y qué ocurre con los cristianos fieles que siguen sufriendo? ¿Qué ocurre con las personas que están sirviendo al Señor con todo su corazón, pero aun así no son sanadas?".

Personas como Joni Eareckson-Tada han luchado con esa pregunta profundamente. Un accidente al zambullirse en el agua la dejó paralizada, cambiando su vida drásticamente. Su única respuesta es que Dios sabe lo que hace. Ella está siendo conformada a la imagen de Cristo, y Dios está siendo glorificado en sus enfermedades, más de lo que sería glorificado en su sanidad física. Lo mismo ocurrió con Pablo (véase 2 Corintios 12:7–9). Puede que no entendamos del todo cómo esto puede beneficiarnos o cómo Dios puede ser glorificado de esta manera, pero lo es. Hay casos especiales en los que Dios demuestra su amor dándonos paciencia y fortaleza en lugar de sanidad. Dios quiere que su pueblo esté sano (espiritual y físicamente). Por eso a veces está sanando (perfeccionando) primero nuestra vida espiritual. Él quiere que su pueblo enfermo sea sanado. La voluntad general de Dios es sanarnos de todas nuestras enfermedades, para que Él pueda ser glorificado por nuestra sanidad.

Mirando a Cristo

Números 21 describe una situación en la que Dios demostró su compasión para sanar a los hijos de Israel. Habían estado vagando por el desierto durante mucho tiempo sin llegar a la Tierra Prometida, y comenzaron a quejarse de nuevo. Le dijeron a Moisés: "*¿Por qué nos hiciste subir de Egipto para que muramos en este desierto?*

Pues no hay pan ni agua, y nuestra alma tiene fastidio de este pan tan liviano" (Números 21:5).

Se olvidaron de que Dios estaba supliendo sus necesidades; comenzaron a quejarse y a pedir según sus preferencias.

Dios les estaba dando maná del cielo. Sin embargo, en su rebeldía, dijeron: "No nos importa". Decían: "Gracias por la carne, Señor, pero queremos filet mignon". Se olvidaron de que Dios estaba supliendo sus necesidades; comenzaron a quejarse y a pedir según sus preferencias.

Por eso el Señor permitió que unas serpientes atacaran su campamento. Muchos israelitas sufrieron sus picaduras y murieron. De repente, los supervivientes se dieron cuenta de lo mal que lo habían hecho. Acudieron a Moisés y le dijeron: "*Hemos pecado por haber hablado contra Jehová, y contra ti*" (versículo 7).

Así que Moisés oró por la gente. El Señor le dijo que hiciera una serpiente de bronce y la pusiera en un poste en medio del campamento, prometiendo que cualquiera que fuera mordido por una serpiente podía mirar a la serpiente de bronce y vivir. El Señor sanaría a las víctimas de las mordeduras de las serpientes.

Las notas de la Biblia en inglés *Scofield Bible* indican que las serpientes representaban el pecado, mientras que la serpiente de bronce representaba el juicio divino (como en el altar de bronce). Por tanto, según Scofield, la serpiente de bronce representaba a Cristo: Dios hecho pecado por nosotros. Jesús mismo señaló esta conexión cuando le dijo a Nicodemo:

> *Y como Moisés levantó la serpiente en el desierto, así es necesario que el Hijo del Hombre sea levantado, para que todo aquel que en él*

cree, no se pierda, mas tenga vida eterna.
(Juan 3:14–15)

Los israelitas tenían que mirar a la serpiente de bronce y recibir sanidad; nosotros tenemos que mirar a Cristo y recibir sanidad. Toda nuestra sanidad (física y espiritual) proviene del Señor.

Es muy difícil hacer que la gente entienda esto. Viajan por todo el país para asistir a servicios de fe y sanidad; escuchan casetes sobre sanidad; compran los últimos libros sobre sanidad; toman hierbas curativas y todo tipo de tratamiento que les promete curarles. Pero no hay virtud de sanidad en esas cosas. No hay virtud de sanidad en un evangelista, una iglesia o cualquier tipo de teoría. Sólo hay sanidad en Cristo; solo Él fue hecho pecado por nosotros. El pecado es la causa de todo nuestro sufrimiento. A veces el sufrimiento nos llega por el pecado de Adán; a veces nos llega por alguna transgresión más cercana, pero el pecado siempre es la causa del sufrimiento. Y Cristo llevó todos nuestros pecados a la cruz. Él sufrió en nuestro lugar, para esto: "*Por su llaga fuimos nosotros curados*" (Isaías 53:5).

Jesús dijo: "*Y yo, si fuere levantado de la tierra, a todos atraeré a mí mismo*" (Juan 12:32). Quizá la asistencia a la iglesia sea floja porque la gente raras veces ve a Jesús levantado en nuestras iglesias. Leemos en los periódicos que una congregación está a punto de emprender la construcción de un nuevo edificio de dos millones de dólares, o que cierto predicador acaba de comenzar una nueva serie de clases sobre la profecía, o que un grupo musical está a punto de realizar un concierto espectacular, pero raras veces vemos a Jesús levantado. Muy de vez en cuando oímos testimonios de cómo Él ha expulsado demonios de alguien, muy raras veces oímos sobre otras formas en las que Él ha obrado en las vidas de las personas. ¿Es sorprendente entonces que la gente esté tan indiferente en la iglesia?

La Palabra de Dios es verdad. Dios sana hoy a la gente, Dios salva almas hoy, Dios echa fuera demonios hoy día, ¡y sé que lo hace porque le veo hacerlo!

Negar las promesas de Dios

Recuerdo un artículo de una de nuestras principales revistas evangélicas hace un par de años, debatiendo sobre si Dios aún concede o no los dones del Espíritu. (Los dones del Espíritu, por supuesto, se enumeran varias veces en las cartas de Pablo; incluyen cosas como predicar, enseñar, profetizar y sanar. Véase la lista en 1 Corintios 12:4–11, por ejemplo). La parte debatiente "pro" dones era un sacerdote episcopal. Creía que Dios aún da los dones del Espíritu Santo a su pueblo en la actualidad, incluyendo el don de sanidad. En la parte "anti" dones del debate había un renombrado evangelista, el cual pensaba que Dios había dejado de dar esos dones a su pueblo hace mucho tiempo porque ya no son necesarios.

Incluso las personas que niegan la promesa de sanidad de Dios acudirán a Él pidiendo sanidad cuando se enfermen.

Yo me pregunto: ¿Qué hace una persona como ese evangelista cuando se enferma? ¿Acaso dice: "Sé que esta enfermedad debe de venir de tu parte, Señor, así que voy a orar para estar más enfermo"? ¿O dice: "Por favor, no me recuperes Señor, porque eso sería un mal testimonio"? Lo dudo. Incluso las personas que niegan la promesa de sanidad de Dios acudirán a Él pidiendo sanidad cuando se enfermen.

Otros niegan que Dios sane *ciertos tipos* de enfermedades. Por ejemplo, si tienen un problema emocional no van a la iglesia a pedir oración, sino a una clínica de salud mental o un psiquiatra. Si un amigo o familiar se pone enfermo, nunca llamarían al pastor para que orase por esa persona. Es como si pensaran que Dios puede calmar el dolor o sanar una familia quebrantada, ¡pero como si los trastornos mentales fueran demasiado grandes para Él! Por tanto, ellos mismos se privan de las bendiciones de Dios.

¿O qué ocurre con las personas que piensan que Dios no puede curar un resfriado común? Dan testimonio de lo que Dios puede hacer en una enfermedad grave, y después se dan la vuelta y dicen: "Creo que será mejor no enviar a mis hijos a la escuela esta semana para que los demás niños no les contagien el resfriado". O a lo mejor dicen: "Probablemente terminaré con un resfriado, como todos los demás en el trabajo. Es la época del año". Hablan así durante toda la semana, ¡y luego van a la iglesia un par de horas el domingo y esperan que su fe crezca!

Si somos hijos de Dios, comencemos a actuar en consecuencia. No digamos lo que el resto del mundo dice; no compremos el escepticismo de los demás. No debemos anticipar que nos dé un infarto o que un tumor nos mate. Adoramos a *Jehová-Refeka*, el Señor que sana. Por tanto, comencemos a creer su Palabra.

¿Es el dolor tu Dios?

Las personas enfermas se deprimen con mucha facilidad. Se cansan del sufrimiento diario. Tienden a sentirse derrotadas por la enfermedad; se olvidan de mirar al Señor, quien puede vencer su enfermedad. Visite la sala de cáncer en su hospital local, hable con algunos de los pacientes, y entenderá lo que quiero decir. No es fácil luchar con el dolor durante meses, incluso años, sin ver algo de mejora. Tras un tiempo, el que sufre quiere tirar la toalla.

En tales casos, la sanidad sólo puede comenzar cuando la persona que sufre se deshace de la depresión y comienza a esperar ser sanada. Norman Cousins, antiguo editor de *Saturday Review*, cuenta una experiencia que tuvo con una enfermedad grave.[1] Contrajo una rara enfermedad que destruye los músculos y las articulaciones. Sus doctores dijeron que no podían curarle; sólo alrededor del cinco por ciento de las víctimas se recuperaban, y nadie sabía por qué.

Pero el Sr. Cousins no se rindió. Decidió que iba a mejorar, que iba a ser parte de ese cinco por ciento que sobrevivía. Leyó todos los artículos médicos que encontró sobre su enfermedad; de hecho, se convirtió en un experto. Le recomendó a su médico que le diera un tratamiento que nunca antes se había probado, y funcionó. Se recuperó.

Hasta donde sé, el Sr. Cousins no profesa ser cristiano. No clamó al Señor para que le sanara, aunque estoy seguro de que su sanidad vino del Señor. "*Toda buena dádiva y todo don perfecto desciende... del Padre*" (Santiago 1:17). La lección que podemos aprender de esta experiencia es la siguiente: *Él no se rindió a su enfermedad.* Decidió que iba a mejorar, y nunca se apartó de esa meta.

Muy frecuentemente he oído a cristianos decir desde la cama de los hospitales: "Imagino que la voluntad del Señor para mí es que muera". Y sin embargo son jóvenes, con talento y muy capaces, que podrían darle al Señor muchos años más de trabajo en su obra. Tiran la toalla con mucha facilidad, rindiéndose al dolor y permitiendo que su enfermedad se convierta en el señor de sus vidas.

O bien el dolor es su dios, o Dios es su Dios.

O bien el dolor es su dios, o Dios es su Dios. O las circunstancias son su dios, o Dios es su Dios. ¿Cuál de los dos?

Dios nos hizo agentes morales libres con la capacidad de elegir lo que hacemos con nuestras vidas, ¡pero me sorprenden las decisiones que toman la mayoría de las personas! Podemos elegir creer en Dios, pero la mayoría de las personas escogen no hacerlo. Podemos escoger ser salvos de nuestros pecados, pero la mayoría de las personas escogen no hacerlo. Podemos elegir ser sanados de nuestras enfermedades, pero la mayoría de las personas eligen no serlo. Me temo que, para la mayoría de las personas, la libertad de escoger un milagro les da tanto miedo que deciden sufrir y morir antes que hacerlo.

Cuando usted se rinde a sus circunstancias, o cede a la enfermedad, significa que le da miedo vivir en el frente de la batalla espiritual. Se dirige hacia la retaguardia para parchearse tras haber sido golpeado. Ahí es donde demasiados cristianos pasan su tiempo, siendo "parcheados" por lo que el enemigo les ha hecho durante toda la semana. Las personas acuden a mí y me dicen: "Pastor, ore por mí. El diablo realmente ha intentado atacarme esta semana".

¿Cómo es posible? ¿Está siendo influenciada su vida por el diablo, o es Dios quien está a cargo de ella? ¿Está el atormentador en control, o está el Salvador en control? Usted decide. La depresión, tristeza y confusión que Satanás da vendrán sobre usted sólo si permite que vengan.

Gloria a Dios por ser *Jehová-Refeka*. Gracias a Él por ser el que "*sana todas tus enfermedades*" (Salmos 103:3 NTV). ¡Entonces reclame su sanidad para su vida hoy!

Notas

1. Norman Cousins, *Anatomy of an Illness* (New York: W. W. Norton and Company, 1979).

CAPÍTULO 8

EL SEÑOR ES NUESTRA JUSTICIA (JEHOVÁ-TSIDKENU)

Me sorprendo cada vez que hablo con científicos brillantes que trabajan con los misterios de la vida en sus laboratorios y a la vez maldicen a los colaboradores que están junto a ellos. Me sorprende que astrónomos y físicos que son genios puedan explorar las profundidades del espacio y al mismo tiempo no se preocupen por los vagabundos de los barrios bajos. Me desalienta ver a un mecánico ajustar el fino motor de su automóvil y a la vez proferir todo tipo de insultos a su esposa. El salmista dijo: "*Los cielos cuentan la gloria de Dios, y el firmamento anuncia la obra de sus manos*" (Salmos 19:1). A la vez, millones de personas ven milagros cada día y no pueden ver a Dios. No cambian sus vidas ni un ápice; son pecadores enojados, día sí y día no.

Jesús dijo que este mundo natural revela al Padre celestial que lo creó, ya sea que la humanidad pecaminosa se dé cuenta o no. Además, la Biblia dice que Dios nos pedirá cuentas por la manera tan corrupta en que vivimos en medio de esta abundante evidencia de la existencia de Dios (véase Romanos 1). Dios es un Dios santo y justo, y espera que nosotros también seamos justos.

La evidencia de Dios y el veredicto del hombre

Josh McDowell escribió un libro tremendo titulado *Evidence That Demands a Verdict* [Evidencia que exige un veredicto], en el que enumera docenas de pruebas de que Dios existe.[1] Espero que algún día pueda leer este libro; le inspirará y retará. Pero aunque nunca haya leído el libro de McDowell, lee el propio libro de "pruebas" de Dios cada día porque vive en el mundo que Él creó. Jesús dijo:

> *Mirad las aves del cielo, que no siembran, ni siegan, ni recogen en graneros; y vuestro Padre celestial las alimenta. ¿No valéis vosotros mucho más que ellas?... Y por el vestido, ¿por qué os afanáis? Considerad los lirios del campo, cómo crecen: no trabajan ni hilan; pero os digo, que ni aun Salomón con toda su gloria se vistió así como uno de ellos. Y si la hierba del campo que hoy es, y mañana se echa en el horno, Dios la viste así, ¿no hará mucho más a vosotros, hombres de poca fe?*
> (Mateo 6:26, 28–30)

El orden del mundo natural nos demuestra que Alguien está a cargo de las cosas: alguien se preocupa de cada detalle del universo, incluso de alimentar a las aves del cielo. La lógica diría que estos pájaros deberían haber muerto hace muchos años debido al hambre y las inclemencias del tiempo, pero no ha sido así. La teoría de la evolución diría que unas plantas tan tiernas y delicadas como lo son los lirios se habrían extinguido entre la

Alguien cuida de las aves y los lirios. Ese Alguien es Dios, y Él incluso nos cuida a usted y a mí.

agresiva maleza que crece a su alrededor, pero no ha sido así. Alguien cuida de las aves y los lirios. Ese Alguien es Dios, y Él incluso nos cuida a usted y a mí.

Sin embargo, muchas personas estudian las maravillas de este complicado mundo cada día y nunca perciben a Dios. Un científico galardonado recientemente alardeaba diciendo:

> La teoría de un Diseñador es una explicación natural, atractiva y totalmente humana del mundo biológico, pero, como mostraron Darwin y Wallace, hay otra manera igualmente atractiva, igualmente humana y mucho más atrayente: la selección natural [es decir, la evolución], la cual hace que la música de la vida sea más hermosa con el paso de los siglos.[2]

Obviamente, el cuidadoso estudio de este hombre de la naturaleza no le hizo creer automáticamente en Dios. Esta actitud es bastante común entre los científicos en la actualidad.

Por eso Dios se reveló a sí mismo a su pueblo de maneras drásticas e inequívocas, como en la zarza ardiente. Por eso también Dios nos reveló su Palabra escrita, ¡para explicar lo que significa el mundo natural en caso de que no percibamos quién está detrás de todo!

Una cosa debería estar clara: a Dios le gusta el orden y la armonía. Creó un mundo hermosamente bien ordenado porque le gusta arreglar las cosas así. Lo mismo ocurre con la sociedad humana; Él quiere orden y armonía entre las personas porque eso protegerá a las criaturas que creó y les permitirá servirle como deben. Dios le entregó a su pueblo leyes para asegurarse de que vivieran de una manera ordenada. Él castiga su comportamiento ilegal e inmoral porque sabe que los destruirá a todos si lo permitiera. La ley divina y la decencia moral son salvaguardas para la supervivencia de la humanidad; ayudan a asegurar que los hombres y las mujeres puedan vivir como Dios planeó, sin que les ocurra ningún peligro indebido.

EL MECANISMO DEL HOMBRE PARA LA AUTODESTRUCCIÓN

Pero la humanidad no tiene tendencia a seguir la ley de Dios. ¿No es eso extraño? El ganso canadiense sigue sus instintos y vuela hacia el sur en el invierno, el salmón sigue sus instintos y nada a contracorriente para desovar, pero la raza humana no sigue el orden natural de Dios para su vida. Las personas desestiman la ley de Dios. Insisten en vivir a su propia forma, ignorando lo que Dios dice que es mejor. ¿El resultado? Las personas tienden a destruirse a sí mismas, como un misil con un mecanismo de autodestrucción que explota cuando se desvía de su curso. La raza humana se está destruyendo por alejarse de la ley revelada de Dios

Una señal de esa autodestrucción es el aumento de lo militar en nuestro mundo. Creo que los líderes militares tendrán que dar cuentas de las horrendas atrocidades que están infligiendo, ya sea directa o indirectamente, sobre familias inocentes. Cuando pienso en los miles de millones de dólares gastados en armas cada año, dólares que se podían haber empleado en comida y ropa para millones de personas necesitadas en todo el mundo, mi corazón desfallece. Estoy seguro de que Dios está enojado. Los destructores de la tierra gastan mucho diseñando nuevos instrumentos de guerra, ¡cuando la necesidad real de los individuos es entender y amar a otras personas! ¡Qué señal tan patética de carnalidad humana! Pero Cristo volverá pronto a este mundo, para destruir a los destructores. Jesús dijo: "*Todos los que tomen espada, a espada perecerán*" (Mateo 26:52). Ese es el destino de todo el que desafía el evangelio de paz de Dios.

La muerte es también el destino de los enemigos menos agresivos de Dios. ¿Qué quiero decir con esto? Me refiero a todo aquel que desobedece a Dios de formas menos obvias, o que simplemente descuida obedecer los mandamientos de su Palabra; en otras palabras, todo aquel que peca contra Dios. La Biblia dice: "*Porque la paga del pecado es muerte, mas la dádiva de Dios es vida eterna en Cristo Jesús Señor nuestro*" (Romanos 6:23). Pecado es cualquier transgresión deliberada de la ley de Dios, así que una persona puede pecar al no hacer lo que Dios dice o simplemente ignorando lo que dice. Pero la Palabra de Dios es clara y directa; los mandamientos de Dios son fáciles de entender. Podemos estar seguros de que cualquier hombre o mujer que desobedece su Palabra cosechará las consecuencias.

Podemos estar seguros de que cualquier hombre o mujer que desobedece su Palabra cosechará las consecuencias.

He visitado misiones en la ciudad en algunas de las áreas metropolitanas de nuestra nación; y en cada una de ellas he encontrado retratos patéticos de esta autodestrucción humana a través del pecado. Ya sea en Chicago, Nueva York, Los Ángeles o aquí mismo en South Bend, la historia de vidas arruinadas por el pecado se repite una y otra vez.

Un chico abandona la escuela para alimentar su drogadicción. Se "gradúa" de marihuana a cocaína, y de cocaína a heroína o alguna otra droga dura. Tiene que robar tiendas y asaltar a ciudadanos inocentes para conseguir dinero para comprar su "dosis" diaria. Sus brazos y sus piernas están llenos de heridas por la aguja. Sus ojos están enrojecidos de fatiga. Su respiración es corta. Con suerte podrá encontrar una misión de rescate donde personas cristianas podrán ayudarle a ponerse a cuentas con el Señor y dejar su hábito. De lo contrario, está destinado a morir en la calle antes de cumplir los treinta.

Una chica comienza a ir con la gente a la que le gusta ingerir alcohol. Va a todas las fiestas que puede, escuchando chistes sucios e intentando sacar todas las cervezas que pueda a sus amigos. Frecuenta los bares del vecindario, pidiendo tragos a los demás clientes e incluso concediendo favores sexuales por un trago. Su hábito se acentúa, y sus nervios salen a la luz. Como el drogadicto, está destinada a morir a menos que alguien le lleve al Señor y le ayude a "secarse".

Un hombre o una mujer que intente vivir sin Dios está cometiendo un suicidio. Quizá sea una muerte lenta y dolorosa, pero el resultado final es cierto: "*La paga del pecado es muerte*". La gente se destruye a sí misma cuando ignora el claro testimonio de Dios que hay visible en el mundo que Él ha creado y en la Palabra escrita que Él ha inspirado. No tienen "excusa" por rebelarse contra Él (véase Romanos 1:20), y deben pagar el castigo.

Liderazgo corrupto

Los laicos no son los únicos que ignoran los mandamientos de Dios. Incluso los líderes espirituales, los llamados "ungidos del Señor", pueden ser culpables de desobedecer la ley de Dios; y cuando los líderes espirituales caen en pecado, pagan el mismo precio: muerte.

En uno de los maratones televisivos de nuestra estación de televisión en Miami, una pareja cristiana preciosa vino a mí. "Hermano Sumrall, ¿puede orar por nosotros?" me pidieron. "Pertenecemos a una de las iglesias más grandes del sur de Florida, y nuestro pastor ha sido sorprendido en adulterio. Tres mujeres de la congregación han dado testimonios firmados de que el pastor ha cometido adulterio con ellas. Él quiere que tengamos una reunión de negocios con él esta noche para discutir estas cosas, pero no sabemos qué hacer". Las lágrimas corrían por sus mejillas. Creo que tendrían alrededor de cincuenta años, vestían bien e iban de camino a esa reunión importante con su pastor. La situación era muy dolorosa.

Dios espera que los líderes de su iglesia vivan vidas limpias y rectas ante su pueblo. Los cristianos deben tener líderes santos, y cuando no los tenemos la Biblia dice:

> *¡Ay de los pastores que destruyen y dispersan las ovejas de mi rebaño! dice Jehová... Vosotros dispersasteis mis ovejas, y las espantasteis, y no las habéis cuidado. He aquí que yo castigo la maldad de vuestras obras, dice Jehová.*
> (Jeremías 23:1–2)

Dios no dejará a su iglesia en manos de líderes corruptos. No dejará que hombres y mujeres impíos perviertan la moral de su pueblo. ¡De ningún modo! Observe lo que dice Dios en este mismo pasaje:

> *He aquí que vienen días, dice Jehová, en que levantaré a David renuevo justo, y reinará como Rey, el cual será dichoso, y hará juicio y justicia en la tierra.* (versículo 5)

El "renuevo", claro está, es Jesucristo. Él ha cumplido esta profecía en un sentido al nacer del linaje de David, pero el tema central de esta profecía lo cumplirá Cristo cuando regrese a gobernar el mundo. Arrancará a la iglesia de las manos de cada líder impío que intente liderar en su nombre. Expondrá a esos farsantes por lo que realmente son, y les dará su justa recompensa.

> *En sus días será salvo Judá, e Israel habitará confiado; y este será su nombre con el cual le llamarán: Jehová, justicia nuestra.* (versículo 6)

¡Qué majestuoso pensamiento! ¡"Jehová, justicia nuestra"! Todo el cielo y toda la tierra se gozarán en su justicia. Todas las personas sabrán que la justicia que los cristianos puedan tener es meramente la justicia "imputada" de Cristo (véase Romanos 4:13–25). Sabrán que Él es *Jehová-Tsidkenu*, "el Señor es nuestra justicia". Este es el nombre que el pueblo de Dios usará para recibir a Cristo cuando regrese.

Todo el cielo y toda la tierra se gozarán en su justicia.

El resto de Jeremías 23 presenta un triste comentario sobre la sociedad humana, porque predice que tanto el profeta como el sacerdote se profanarán moralmente.

> *Porque tanto el profeta como el sacerdote son impíos; aun en mi casa hallé su maldad, dice Jehová. Por tanto, su camino será como resbaladeros en oscuridad; serán empujados, y caerán en él; porque yo traeré mal sobre ellos.*
>
> (versículos 11–12)

Creo que hay una cantidad tremenda de pecado en los púlpitos de América en la actualidad.

Sin embargo, Dios quiere ser nuestra justicia; quiere darnos la santidad que nunca podremos lograr por nosotros mismos. Él ya lo ha hecho, ya ha salvado nuestras almas del pozo del infierno enviando a su Hijo Jesús a morir en nuestro lugar. La muerte de Jesús en la cruz nos limpia de nuestra impureza moral cuando le rendimos nuestra vida y decimos: "Confieso que no puedo vivir como debería. Toma mi vida, Señor. Haz de mí lo que quieras que sea".

Entonces, cuando entremos por las puertas del cielo, no diremos: "Estamos aquí porque hemos sido muy buenos". No, sino que entraremos por esas puertas cantando un cántico nuevo: "El Señor es nuestra justicia". Él lo ha arreglado todo con Dios Padre, con nuestro prójimo y con lo más hondo de nosotros. Él ha enderezado nuestra vida.

No espere a estar bien

Ahora bien, algunas personas dicen: "Esperaré hasta el milenio para vivir una vida de santidad. Es entonces cuando el Señor reinará, ¿no es cierto? Entonces será cuando le dejaré que me perfeccione".

Pues, ¡tengo noticias emocionantes para usted! ¡No tiene que esperar! Dios ya le ha hecho perfecto, *¡en este mismo instante!*

Dios Padre demanda una vida santa y recta de todo su pueblo, y espera que ellos sean *"un pueblo propio, celoso de buenas obras"* (Tito 2:14).

Dios Hijo murió en la cruz para que pudiéramos convertirnos en ese pueblo santo y "*propio*". Nos purificó sacrificando su propio cuerpo y sangre en el Calvario (véase 1 Juan 1:7). Sólo tenemos que confesar nuestro pecado y aceptar su sacrificio para recibir la justicia que Él nos ofrece.

Dios Espíritu sigue guiándonos en el camino de la rectitud moral.

Dios Espíritu sigue guiándonos en el camino de la rectitud moral. Cuando Pablo reprendió la inmoralidad de los cristianos de Corinto, dijo: "*¿No sabéis que sois templo de Dios, y que el Espíritu de Dios mora en vosotros?*" (1 Corintios 3:16). Cuando el Espíritu mora dentro, nos muestra cómo mantener nuestro "*templo*" limpio.

No es necesario que espere hasta que el Señor regrese para enderezar su vida moralmente. De hecho, es bastante peligroso esperar. Puede vivir ahora la justicia de Dios, y "*al que sabe hacer lo bueno, y no lo hace, le es pecado*" (Santiago 4:17).

Hal Lindsey termina su clásico libro sobre profecía, *The Late Great Planet Earth*, recordándonos que nadie debería esperar para vivir como Dios nos ha dicho:

> Deberíamos hacer que nuestra meta fuera confiar en que Cristo obrará en nosotros para que tengamos una vida de verdadera justicia. Todos crecemos en esto, así que no se desanime u olvide que Dios nos acepta tal y como somos. Él quiere que nuestros corazones estén constantemente pensando en agradarle y que tengan fe y confianza en que Él nos ayudará.[3]

Está claro que ninguno de nosotros será totalmente perfecto hasta que nuestros cuerpos sean llevados al cielo, pero podemos tener la justicia de Dios, a través de Cristo, en este mismo instante. Dios espera que la tengamos porque espera que su iglesia, la familia de todos los que han sido salvados, sea "*una iglesia gloriosa, que no tuviese mancha ni arruga ni cosa semejante, sino que fuese santa y sin mancha*" (Efesios 5:27).

Podemos tener ese tipo de vida sólo cuando nos rendimos a Jesucristo, "el Señor es nuestra justicia".

Notas

1. Josh McDowell, *Evidence That Demands a Verdict* (San Bernardino, Calif.: Campus Crusade for Christ, 1971).
2. Carl Sagan, *Cosmos* (New York: Random House, 1980), p. 29.
3. Hal Lindsey y C. C. Carlson, *The Late Great Planet Earth* (Grand Rapids, Mich.: Zondervan Publishing House, 1970), p. 187.

Capítulo 9

El Señor de los ejércitos (Jehová-Sebaot)

Antes de que la humanidad estuviera en la faz de esta tierra, se libraron batallas cósmicas. El comienzo de toda guerra no se originó en esta tierra, sino en el cielo. Miguel, el arcángel guerrero de Dios, y los ejércitos de Dios lucharon contra Lucifer y sus ángeles. Apocalipsis 12 bosqueja la batalla y cómo Lucifer con un tercio de los ángeles fue expulsado del cielo a la tierra. Estos ángeles caídos son los demonios que atormentan a los seres humanos hasta el día de hoy.

> *Después hubo una gran batalla en el cielo: Miguel y sus ángeles luchaban contra el dragón; y luchaban el dragón y sus ángeles; pero no prevalecieron, ni se halló ya lugar para ellos en el cielo. Y fue lanzado fuera el gran dragón, la serpiente antigua, que se llama diablo y Satanás, el cual engaña al mundo entero; fue arrojado a la tierra, y sus ángeles fueron arrojados con él.*
> (versículos 7–9)

Guerra en el cielo

Este fue el comienzo de toda guerra en el cielo cuando un ángel, un ser creado, decidió ser como el Creador.

> *¡Cómo caíste del cielo, oh Lucero, hijo de la mañana! Cortado fuiste por tierra, tú que debilitabas a las naciones. Tú que decías en tu corazón: Subiré al cielo; en lo alto, junto a las estrellas de Dios, levantaré mi trono, y en el monte del testimonio me sentaré, a los lados del norte; sobre las alturas de las nubes subiré, y seré semejante al Altísimo.* (Isaías 14:12–14)

Ezequiel nos da aún más iluminación sobre la caída de Lucifer.

> *Hijo de hombre, levanta endechas sobre el rey de Tiro, y dile: Así ha dicho Jehová el Señor: Tú eras el sello de la perfección, lleno de sabiduría, y acabado de hermosura. En Edén, en el huerto de Dios estuviste; de toda piedra preciosa era tu vestidura; de cornerina, topacio, jaspe, crisólito, berilo y ónice; de zafiro, carbunclo, esmeralda y oro; los primores de tus tamboriles y flautas estuvieron preparados para ti en el día de tu creación. Tú, querubín grande, protector, yo te puse en el santo monte de Dios, allí estuviste; en medio de las piedras de fuego te paseabas. Perfecto eras en todos tus caminos desde el día que fuiste creado, hasta que se halló en ti maldad.* (Ezequiel 28:12–15)

Dios le recordó a Lucifer la posición y las bendiciones que perdió por pecar contra el Altísimo. En el cielo comenzó una guerra que había que luchar y terminar.

Dios le recordó a Lucifer la posición y las bendiciones que perdió por pecar.

Examinemos la función de Dios en el área de la guerra.

Arcángeles de Jehová de los ejércitos

En la estructura del cielo, Dios creó arcángeles: Gabriel, Miguel y Lucifer.

Gabriel es el encargado de las telecomunicaciones del cielo. La Biblia relata tres ocasiones en que Gabriel se apareció a seres humanos. Fue Gabriel quien llevó la palabra a María con respecto al nacimiento de Jesús (véase Lucas 1:26). Gabriel se le apareció a Zacarías en Lucas 1:18 en relación con el nacimiento y ministerio de Juan el bautista. Gabriel también le habló a Daniel sobre la profecía de los últimos tiempos en los capítulos 8 y 9 de Daniel.

Miguel es el ángel guerrero. Cuando Daniel oraba, entró en guerra espiritual:

> *Mas el príncipe del reino de Persia se me opuso durante veintiún días; pero he aquí Miguel, uno de los principales príncipes, vino para ayudarme, y quedé allí con los reyes de Persia.*
> (Daniel 10:13)

Satanás se personificó en reinos como el caso de Babilonia, Persia y Grecia, y diseñó esos reinos como su dominio (véase versículo 20).

Lucifer era el arcángel encargado de la música y la alabanza en el cielo; sin embargo, se rebeló. El ángel que dirigía la alabanza decidió que era tan grande como Dios y se exaltó a sí mismo.

> *Jehová de los ejércitos, Dios de Israel, que moras entre los querubines, sólo tú eres Dios de todos los reinos de la tierra; tú hiciste los cielos y la tierra.* (Isaías 37:16)

Jehová de los ejércitos es un guerrero

El término Jehová de los ejércitos aparece 282 veces en la Palabra de Dios. Es un término militar que significa "Dios de las batallas".

> *Como las aves que vuelan, así amparará Jehová de los ejércitos a Jerusalén, amparando, librando, preservando y salvando.* (Isaías 31:5)

Nuestro Dios es un Guerrero, un Luchador, y nosotros estamos en su ejército. Cuando Él llegue, montado en un caballo blanco, su ejército estará con Él para luchar contra el Anticristo (véase Apocalipsis 19:14). Como hijos de Jehová de los ejércitos, seguimos a Aquel que gana todas las batallas.

Una lucha no es mala si es para un buen propósito. Dios quiere guerreros que se levanten para Él delante del enemigo para que los perdidos puedan ser salvos. Esa es la batalla más importante a la que nos enfrentamos.

Una razón por la que vemos debilidad en el cuerpo de Cristo es porque a menudo no reconocemos a Jehová de los ejércitos, el Dios de las batallas. Muchos cristianos piensan que una vez que son salvos, su batalla contra el pecado y Satanás se ha terminado. Pero, de hecho, el llamado a la salvación es un llamado a alistarse en el ejército de Dios y a luchar contra los espíritus de las tinieblas y su actividad en este mundo. Es una lucha sin tregua ni final.

Muchos cristianos piensan que una vez que son salvos, su batalla contra el pecado y Satanás se ha terminado.

Debemos entender su carácter para apreciar a Jehová de los ejércitos. El Señor de las batallas puede decirnos exactamente cómo permanecer contra las estrategias del enemigo. Él puede aconsejarnos sobre cómo luchar y cómo ganar nuestras batallas.

> *También esto salió de Jehová de los ejércitos, para hacer maravilloso el consejo y engrandecer la sabiduría.* (Isaías 28:29)

Señor de Sebaot, "Jehová de los ejércitos"

A Jehová de los ejércitos se le llama en el Nuevo Testamento el Señor de los ejércitos:

> *He aquí, clama el jornal de los obreros que han cosechado vuestras tierras, el cual por engaño no les ha sido pagado por vosotros; y los clamores de los que habían segado han entrado en los oídos del Señor de los ejércitos.*
> (Santiago 5:4)

> *Y como antes dijo Isaías: Si el Señor de los ejércitos no nos hubiera dejado descendencia, como Sodoma habríamos venido a ser, y a Gomorra seríamos semejantes.* (Romanos 9:29)

Si no fuera porque la santidad de Dios derrotó al diablo por nosotros por medio de Jesucristo en el Calvario, estaríamos eternamente perdidos en el pecado. Él es el Señor de los ejércitos, quien gana las batallas por nosotros.

El Señor de los ejércitos cumple sus promesas

Cada año, Elcana y su esposa estéril, Ana, viajaban a Silo para ofrecer su sacrificio y ofrendas ante el Señor de los ejércitos. Con gran necesidad y ferviente oración, Ana hizo un compromiso con el Señor de los ejércitos:

> *E hizo voto, diciendo: Jehová de los ejércitos, si te dignares mirar a la aflicción de tu sierva, y te acordares de mí, y no te olvidares de tu sierva, sino que dieres a tu sierva un hijo varón, yo lo dedicaré a Jehová todos los días de su vida, y no pasará navaja sobre su cabeza.*
> (1 Samuel 1:11)

Jehová de los ejércitos oyó el clamor de Ana, y el gran profeta Samuel fue concebido. Samuel fue clave en el plan de Dios. Terminó con una dispensación de 450 años y quince jueces, y terminó este periodo cuando ungió a David, el guerrero, como Rey de Israel (véase Hechos 13:20).

> *Porque Jehová de los ejércitos lo ha determinado, ¿y quién lo impedirá? Y su mano extendida, ¿quién la hará retroceder?* (Isaías 14:27)

David conoció a Jehová de los ejércitos

David no sólo conoció a *Jehová-Rohi* como su Pastor, sino que también reconoció a *Jehová-Sebaot*, el Señor de los ejércitos. David confió en la capacidad de Dios para luchar contra sus enemigos y ganar las batallas por él. Se convirtió en el campeón de su nación y una leyenda en su propio tiempo a través de Jehová de los ejércitos.

> *Entonces dijo David al filisteo: Tú vienes a mí con espada y lanza y jabalina; mas yo vengo a ti en el nombre de Jehová de los ejércitos, el Dios de los escuadrones de Israel, a quien tú has provocado. Jehová te entregará hoy en mi*

mano, y yo te venceré, y te cortaré la cabeza, y daré hoy los cuerpos de los filisteos a las aves del cielo y a las bestias de la tierra; y toda la tierra sabrá que hay Dios en Israel. Y sabrá toda esta congregación que Jehová no salva con espada y con lanza; porque de Jehová es la batalla, y él os entregará en nuestras manos.
(1 Samuel 17:45–47)

La osada respuesta de David a Goliat fue una respuesta de fe en Jehová de los ejércitos.

La osada respuesta de David a Goliat fue una respuesta de fe en Jehová de los ejércitos. En el libro de Salmos, David se refirió a Jehová de los ejércitos quince veces. Él sabía que Jehová de los ejércitos podía darle las bendiciones que necesitaba. "*Jehová de los ejércitos, dichoso el hombre que en ti confía*" (Salmos 84:12).

Jehová de los ejércitos juzga naciones

Pero, oh Jehová de los ejércitos, que juzgas con justicia, que escudriñas la mente y el corazón, vea yo tu venganza de ellos; porque ante ti he expuesto mi causa. (Jeremías 11:20)

Porque día de Jehová de los ejércitos vendrá sobre todo soberbio y altivo, sobre todo enaltecido, y será abatido. (Isaías 2:12)

Y vendré a vosotros para juicio; y seré pronto testigo contra los hechiceros y adúlteros, contra los que juran mentira, y los que defraudan en su salario al jornalero, a la viuda y al huérfano, y los que hacen injusticia al extranjero, no teniendo

temor de mí, dice Jehová de los ejércitos.
(Malaquías 3:5)

Dios está hablando contra un pueblo rebelde y transgresor, que no le servirá.

La Unión Soviética luchó contra Dios durante más de setenta años con sus labios y con sus actos. Se partió en dos desde dentro, y cosechó lo que sembró.

América ha experimentado las bendiciones de Dios sólo porque nuestros antepasados le amaron y sirvieron. Asistían a la iglesia y odiaban el pecado, y por eso nuestra generación está cosechando una cosecha que no plantó. Un día nuestros hijos cosecharán lo que estemos plantando ahora; así que seamos intencionados en lo que plantamos ante Jehová de los ejércitos.

> *El redentor de ellos es el Fuerte; Jehová de los ejércitos es su nombre; de cierto abogará la causa de ellos para hacer reposar la tierra, y turbar a los moradores de Babilonia.* (Jeremías 50:34)

Los ejércitos de Jehová tienen un Príncipe

Jehová de los ejércitos no sólo tiene voluntarios en su ejército, sino también un Príncipe.

> *Estando Josué cerca de Jericó, alzó sus ojos y vio un varón que estaba delante de él, el cual tenía una espada desenvainada en su mano. Y Josué, yendo hacia él, le dijo: ¿Eres de los nuestros, o de nuestros enemigos? Él respondió: No; mas como Príncipe del ejército de Jehová he venido ahora. Entonces Josué, postrándose sobre su rostro en tierra, le adoró; y le dijo: ¿Qué dice mi Señor a su siervo? Y el Príncipe del ejército de Jehová respondió a Josué: Quita el calzado*

de tus pies, porque el lugar donde estás es santo. Y Josué así lo hizo. (Josué 5:13–15)

Sólo el Altísimo es digno de alabanza.

Sabemos que esta persona con una espada en su mano no era un ángel porque los ángeles rehúsan la adoración. Sólo el Altísimo es digno de alabanza; no obstante, este Príncipe le ordenó a Josué que le adorara. El Príncipe de los ejércitos de Dios es Jesucristo.

Cuando los hijos de Israel se enfrentaron a su primera batalla después de entrar en la Tierra Prometida, Jehová de los ejércitos tomó el mando de la batalla.

Los arqueólogos han descubierto que las murallas de Jericó no cayeron ni al este ni al oeste, sino que se desplomaron hacia abajo. No es de extrañar, ya que cuando Jesús golpea cualquier muro, ¡debe caer!

Así dice Jehová Rey de Israel, y su Redentor, Jehová de los ejércitos: Yo soy el primero, y yo soy el postrero, y fuera de mí no hay Dios.
(Isaías 44:6)

Jesús enseña a su pueblo a luchar. Para la iglesia, esto significa guerra espiritual.

Estamos en una guerra espiritual

Es muy interesante que el primer instrumento usado contra el hombre después de pecar en Génesis capítulo 3 fue un ángel con una espada. Esto indica la guerra cósmica que se está librando.

Echó, pues, fuera al hombre, y puso al oriente del huerto de Edén querubines, y una espada encendida que se revolvía por todos lados, para

guardar el camino del árbol de la vida.
(Génesis 3:24)

Porque no tenemos lucha contra sangre y carne, sino contra principados, contra potestades, contra los gobernadores de las tinieblas de este siglo, contra huestes espirituales de maldad en las regiones celestes. (Efesios 6:12)

Nuestra lucha es espiritual. No es contra personas, sino contra los poderes de las tinieblas. Algunos cristianos rehúsan entrar en esta área de la guerra espiritual, y algunos lo han llevado a los extremos.

Muchos se han cansado de practicar la guerra espiritual. Están luchando contra el diablo e intentando ganar una batalla que ya ha sido ganada. Lo que tienen que hacer es gritar y gozarse en Dios. Jesús triunfó sobre Satanás y destruyó sus obras en el Calvario. La única arma de Satanás ahora contra la humanidad es el engaño.

Jesús triunfó sobre Satanás y destruyó sus obras en el Calvario.

Y despojando a los principados y a las potestades, los exhibió públicamente, triunfando sobre ellos en la cruz. (Colosenses 2:15)

Cuando el hombre intenta entrar en un conflicto personal contra Satanás usando la fuerza humana, nunca ganará. Pero debemos ejercer la guerra espiritual según la Palabra de Dios. Santiago 4:7 nos amonesta así: "*Someteos, pues, a Dios; resistid al diablo, y huirá de vosotros*".

Usted y yo tenemos la victoria gracias a Jesús. Funcionamos y operamos a través de su éxito y por medio de sus victorias. Nuestras victorias no las conseguimos a través de la manipulación humana, sino a través de Jehová de los ejércitos. ¡Él es quien ha derrotado al diablo! ¡Él es el Dios Todopoderoso!

Ponga su confianza en Jehová de los ejércitos. Dependa de Él. Él es el Señor de las batallas, el Señor de las victorias. Clame a Él usando su nombre, y pídale que haga lo que Él es capaz de hacer. Diga: "Señor, tú eres el poderoso Libertador. Tengo algunos enemigos. ¡Persíguelos!".

Creo que en estos últimos tiempos, la guerra espiritual se intensificará. Cada vez más, la maldad y el vicio llegarán contra nosotros. El cuerpo de Cristo bendecirá al mundo. ¡Vamos a levantarnos con Jesús en toda su fuerza y a ganar cada batalla!

> *Porque así dice Jehová de los ejércitos: De aquí a poco yo haré temblar los cielos y la tierra, el mar y la tierra seca; y haré temblar a todas las naciones, y vendrá el Deseado de todas las naciones; y llenaré de gloria esta casa, ha dicho Jehová de los ejércitos. Mía es la plata, y mío es el oro, dice Jehová de los ejércitos. La gloria postrera de esta casa será mayor que la primera, ha dicho Jehová de los ejércitos; y daré paz en este lugar, dice Jehová de los ejércitos.*
>
> (Hageo 2:6–9)

Capítulo 10

El Señor es el vencedor (Jehová-Nisi)

En los capítulos previos hemos estudiado los nombres de Dios que Él reveló a individuos como Melquisedec, Abraham y Moisés en algunos momentos de crisis de sus vidas. Los capítulos siguientes son un poco diferentes porque tratarán sobre nombres de lugares que personas del Antiguo Testamento pusieron a ciertos sitios para declarar lo que habían aprendido acerca de Dios allí.

Vayamos al capítulo 17 de Éxodo en su Biblia. Este capítulo cuenta cómo los hijos de Israel levantaron sus tiendas en Refidim después de años de vagar por el desierto. Si observa un atlas bíblico, descubrirá que Refidim es un desierto escarpado cerca del monte Horeb. Allí el agua es escasa, y la Biblia dice que cuando los israelitas llegaron a Refidim "*no había agua para que el pueblo bebiese*" (versículo 1). La gente estaba cansada de vagar, los ejércitos de Amalec estaban encima y ni siquiera había una gota de agua para ellos. Se sintieron totalmente derrotados, así que comenzaron a quejarse una vez más a Moisés.

Si usted es pastor, probablemente sepa exactamente cómo se sintió Moisés. Una congregación pasa por sus "lugares desiertos secos", como hicieron los israelitas. A veces, el pueblo de Dios llegaba una y otra vez a un camino sin salida y afrontaba un problema tras otro. Parecía no haber alivio a la vista. Se acercaron a su pastor con un espíritu de queja y dijeron: "¿Tenemos que continuar? ¿Tenemos que seguir luchando esta batalla para el Señor? Parece que el Señor se ha olvidado de nosotros, así que admitamos que estamos acabados".

El derrotismo puede superar al pueblo de Dios y hacer que bajen sus armas.

El derrotismo es una maldición. Puede superar al pueblo de Dios y hacer que bajen sus armas, incluso antes de que haya comenzado la batalla. Sin embargo, Moisés no estaba dispuesto a ser derrotado. Tomó el problema y se lo llevó directamente al Señor, y exclamó: "*¿Qué haré con este pueblo? De aquí a un poco me apedrearán*" (Éxodo 17:4). No confió en su sabiduría humana, no fue a encontrar algún libro sobre administración eclesial, ni acudió a ningún experto en liderazgo. Acudió al Señor, y de hecho dijo: "Tú nos trajiste aquí, Señor. Ahora tienes que cuidar de nosotros. Por tanto, ¿qué quieres que haga?".

Si más líderes de Dios hicieran eso en la actualidad, veríamos a menos personas yéndose de la iglesia, indignadas por todos los problemas que encuentran allí. Dios mismo nos da las mejores respuestas cuando el pueblo de Dios se encuentra con un problema.

Dios le dijo a Moisés lo que tenía que hacer. Dirigió a Moisés a una roca en particular y le dijo que golpeara la roca con la vara que había usado para abrir el mar Rojo. Moisés hizo lo que Dios le dijo, y el agua salió de la roca para que los israelitas pudieran beber abundantemente.

Esto no ocurrió demasiado pronto porque los amalecitas descendieron sobre ellos (véase versículo 8).

Moisés acudió a su comandante en jefe, Josué, y le dijo que juntara un ejército contra esos invasores: "*Escógenos varones, y sal a pelear contra Amalec; mañana yo estaré sobre la cumbre del collado, y la vara de Dios en mi mano*" (Éxodo 17:9). Los ejércitos de Amalec habían llegado para destruir a los israelitas, pero Moisés sabía que Dios quería que entraran a la Tierra Prometida, así que nadie podría detenerles, nadie podría destruirles. Puede estar seguro de que nadie le destruirá hasta que Dios no haya terminado de usarle por completo. Si Él le ha llamado a evangelizar el continente de África (como hizo con David Livingstone), puede estar seguro de que no le dejará morir hasta que haya recorrido África predicando la Palabra. Si Dios le ha llamado a vivir en otro país (como hizo con los israelitas), puede estar seguro de que no será destruido hasta que tenga la oportunidad de establecerse allí.

Moisés lo sabía, así que no tenía miedo. Le dijo a Josué que permanecería en lo alto de la montaña y levantaría la vara de Dios para recordarles a los israelitas que Dios luchaba por ellos ese día. ¡Era Dios! Aarón y Hur tuvieron que ayudarle a mantener sus brazos arriba, pero cumplió su promesa, y Dios cumplió la suya. Los israelitas derrotaron a los amalecitas ese día. Después Moisés edificó un altar para conmemorar la gran victoria que habían ganado. Observe lo que dice la Biblia sobre ese monumento:

> *Y Moisés edificó un altar, y llamó su nombre Jehová-nisi; y dijo: Por cuanto la mano de Amalec se levantó contra el trono de Jehová, Jehová tendrá guerra con Amalec de generación en generación.* (versículos 15–16)

Jehová-Nisi; ¡qué cosa tan poco común para referirse a Dios! Este nombre significa "el Señor es mi bandera", o "el Señor es mi señal de conquista". En otras palabras,

Jehová-Nisi significa "el Señor es mi bandera", o "el Señor es mi señal de conquista".

Moisés usó este nombre para declarar que Dios siempre conquistaría a los enemigos de su pueblo. Mientras Moisés y los israelitas siguieran al Señor, tendrían la victoria. Él derrotaría a los amalecitas y a cualquier otro pueblo pagano que intentara desbaratar sus propósitos y su plan.

¿Cuál es su bandera?

Las personas marchan bajo diferentes "banderas" en la actualidad. Ponen su confianza en diferentes cosas; acreditan su éxito a varias cosas. ¿A quién le da usted el mérito por ser quien es hoy día?

Quizá atribuya el mérito a su inteligencia. Piensa que fue usted quien consiguió el maravilloso cónyuge con el que vive, el bonito hogar en el que vive, el automóvil tan chic que conduce y el trabajo tan bien remunerado que tiene, ¡con su inteligencia! Después de cada nuevo trato empresarial que cierra, piensa de usted mismo: "¡Qué inteligente soy! ¡Volví a ser más astuto que ellos!". Va por la vida bajo la bandera de la "Inteligencia" o el "Intelecto". Les dice a otras personas que está donde se encuentra hoy por "ganar en astucia" a sus competidores.

O quizá atribuye el mérito de su éxito a su fortaleza física o su gran físico. Quizá sus amigos hayan dicho: "Es tan fuerte como un buey", y a usted le guste esa reputación. Quiere convencer a su jefe y a todo el mundo de que resiste más que cualquiera, así que trabaja horas extra. Le gusta hacerse cargo de las tareas más duras. Le gusta enseñar a todos la resistencia física que tiene, y le gusta decir, con una falsa modestia: "Yo me puedo hacer cargo". Usted camina bajo la bandera de los "Músculos" o la "Fortaleza".

Quizá su bandera es el dinero, o la arrogancia o "conocer a las personas adecuadas". Atribuye a esas cosas los éxitos que ha cosechado en su vida. Son las banderas que levanta mientras marcha hacia sus victorias personales.

Pero todas esas cosas fallarán algún día. La edad avanza y debilita su cerebro, y le roba a sus músculos su fuerza. La inflación absorberá su dinero del banco. La débil naturaleza humana hará que sus amigos se vuelvan contra usted. Los fracasos repetidos provocarán un anillo hueco en su arrogancia. Marche bajo cualquiera de estas banderas, y se encontrará con la derrota.

El lugar legítimo de Dios: El frente

Moisés aprendió que cuando seguía a Dios, vencía. Cuando dejaba que Dios abriera camino delante de él, tenía la victoria. Moisés aprendió a dejar que Dios fuera su líder desde la esclavitud hasta la Tierra Prometida, y nosotros deberíamos hacer lo mismo.

Los cristianos no obtienen la victoria en la vida cuando no dejan que Dios sea su bandera. A veces quieren que Dios les siga, bendiciendo todo lo que ellos deciden hacer, y oran así: "Señor, bendice lo que voy a hacer hoy en tu nombre". Pero ese tipo de actitud deja a Dios en el lugar equivocado. Haciendo eso le ponemos en el vagón de cola, en la última línea de la columna de batalla, cuando Él debería ser el capitán al frente de la columna.

Ken Forsch, un lanzador de béisbol del equipo de los Houston Astros, tuvo que aprender esta lección por las malas. Durante la liga de 1977 se lesionó el brazo derecho. Aunque los doctores y entrenadores consiguieron aliviar el dolor, perdió casi toda la fuerza que necesitaba en ese brazo. Fue un pésimo lanzador para todo el resto de la temporada.

No mejoró al comienzo de la liga de 1978. Cada vez que se situaba en su montículo para lanzar, por lo general los bateadores golpeaban la bola con facilidad. Ken se impuso una disciplina de ejercicios para fortalecer sus músculos, en un intento de recuperar la fortaleza de sus lanzamientos. Pero no mejoró. Su esposa y sus amigos oraron por él porque sabían que pronto podría terminarse su carrera.

Tras otro pésimo fracaso en un partido contra Pittsburgh, Ken regresó a su habitación en el hotel y se derrumbó de desánimo. Sabía bien que el problema era demasiado para manejarlo por sí mismo. No podía hacerlo en sus propias fuerzas.

En una callada aceptación, inclinó su cabeza y le entregó el problema al Señor.

En una callada aceptación, inclinó su cabeza y le entregó el problema al Señor, para que hiciera lo que *Él* quisiera. Y se acostó en paz.

Pronto los Astros se enfrentaron a los Montreal Expos en un doble partido. En el primer partido quedaron empatados y llegaron a la doceava manga con las bases llenas. Luego llamaron a Ken para lanzar. Enseguida eliminó a tres hombres y ganaron el partido. En el segundo partido, le llamaron para lanzar en la octava manga. Ayudó de nuevo a los Astros a ganar el partido. Después de eso, su entrenador volvió a poner a Ken en el equipo titular, y ganó ocho de los diez siguientes partidos.

El segundo día de la temporada de 1979, Ken consiguió que nadie bateara su bola en un partido contra Atlanta. Pensando en esa experiencia, Ken se dio cuenta de cuál había sido su problema. Había insistido en hacer las cosas a su manera, rehusando deliberadamente pensar en lo que Dios pudiera tener en mente. Pero Ken aprendió bien que cuando le pidió a Dios que tomara las riendas, Él arregló su vida mejor de lo que él hubiera soñado.

Eso es lo que Moisés y los israelitas aprendieron en Refidim. Dios la bandera siempre debe ir en el frente de nuestra vida, dirigiendo el camino, si queremos conseguir la victoria.

Cuatro tipos de victoria

Dios nos da muchos tipos de victorias. Enumerarlas todas sería imposible en el corto espacio que tengo aquí, así que permítame destacar cuatro tipos de victoria que creo que cada cristiano debería tener.

1. *Dios nos da la victoria sobre el pecado.* Primero Juan 1:7 dice: "*Pero si andamos en luz, como él está en luz, tenemos comunión unos con otros, y la sangre de Jesucristo su Hijo nos limpia de todo pecado*". Note que la Biblia dice que nos limpia de "todo pecado". Él nos da la victoria sobre todo pecado en nuestra vida. No nos da sólo una limpieza parcial del pecado, sino que lo limpia por completo.

Teníamos un amigo en uno de nuestros viajes a la Tierra Santa ¡que dejó de fumar como diez veces en once días! Siempre me sorprende ver cristianos "conseguir la victoria" tantas veces sobre el mismo pecado. Creo que cuando conseguimos la victoria sobre el pecado, debería ser algo permanente. Cuando tumbamos al diablo en nuestra vida y comienza a levantarse de nuevo, deberíamos ponerle un pie encima y decir: "Escucha, ¡estás derrotado! ¡Has perdido! ¡Estás acabado en el nombre de Jesús!". No tenemos que repetir nuestra victoria sobre el pecado una y otra vez porque Jesús es nuestra bandera. Él ha obtenido la victoria por nosotros, así que sólo nos queda reclamar la victoria para hacerla nuestra para siempre.

2. *Dios nos da la victoria sobre el hábito de la esclavitud.* Esto tiene que ver con nuestra victoria sobre el pecado. Jesús dijo: "*Si el Hijo os libertare, seréis verdaderamente libres*" (Juan 8:36). Ya no tenemos por qué seguir atados a los hábitos que nos impiden servir al Señor. Ya sea fumar, beber o incluso tomar café compulsivamente, Cristo puede liberarnos de cualquier hábito. Ya no tenemos que seguir esclavizados a nuestros hábitos.

3. *Dios nos da la victoria sobre el yo.* Gálatas 2:20 dice: "*Con Cristo estoy juntamente crucificado, y ya no vivo yo, mas vive Cristo en mí*". Aquí la Biblia se refiere a nuestra victoria sobre los dictados de los deseos propios.

Lucifer fue un ángel de Dios que se rebeló contra Dios porque no pudo hacer las cosas como él quería. Fue expulsado del cielo porque Dios no le permitió seguir sus propios impulsos egoístas (véase Isaías 14:12–20). Desde entonces, ha intentado engañar al hombre para que caiga en el mismo tipo de error. Ha intentado convencernos de que nuestra propia sabiduría es mejor que la sabiduría de Dios. El engaño de Satanás es una mentira que viene directamente del infierno, pero Dios nos da la victoria sobre ello. Jesús dijo: "*Si alguno quiere venir en pos de mí, niéguese a sí mismo, y tome su cruz, y sígame*" (Mateo 16:24). Él nos da el poder para vencer el deseo propio y la voluntad propia y para someternos a la voluntad del Dios Todopoderoso.

4. *Dios nos da la victoria sobre las penas.* Job contiene el ejemplo clásico de la lucha de una persona con las penas. Job tenía muchos problemas que no podía entender, y fue algo que le hizo quedarse perplejo porque los estaba sufriendo mientras le era fiel a Dios.

Cada uno de nosotros tiene problemas que no entiende. La vida no siempre es fácil, pero si ponemos nuestra confianza en el Señor Dios nuestra bandera, Él nos dará la victoria sobre las penas que de no ser así nos superarían. Él impide que nos arrastremos de pena ante nuestros problemas.

Si ponemos nuestra confianza en el Señor Dios nuestra bandera, Él nos dará la victoria sobre las penas.

Una vez recibí una carta de diez páginas de una amiga que había conocido cuando era un joven predicador en Oklahoma. La carta describía que yo había bautizado a varias personas en el río Arkansas mientras llevaba a cabo una serie de reuniones en una escuela del condado. Mi amiga me contaba cómo su padre le hacía caminar doce kilómetros cada día para acudir a oír mi predicación. Pero ella no había aceptado al Señor. Después de casó y se fue a vivir a California. La noche que escribió la carta, había intentado saltar desde el puente Oakland para suicidarse. Pero la policía se lo impidió.

"Quiero quitarme la vida", me dijo, "porque mi vida sólo ha sido una pena constante".

Era una mujer que literalmente había sido bautizada en sufrimiento. Oyó el evangelio y tuvo la oportunidad de entregarle su corazón al Señor, pero nunca lo hizo, y ha sido derrotada desde entonces por el dolor y las penas.

Mi libro sobre las penas cuenta cómo yo luché con un hondo dolor en mi propia vida debido a las muertes de cinco amigos íntimos en un accidente de avión.[2] Dios me dio la victoria sobre ese dolor, impidiendo que me hundiera en la tristeza. Y conozco por experiencia propia que Él es *Jehová-Nisi*, "el Señor es mi bandera", incluso en medio del dolor.

Permita que Dios le dé la victoria hoy. A pesar de lo que esté amenazando con derrotarle en su vida, puede saber que Dios es el Vencedor que marcha delante de usted. Si está dispuesto a seguirle y darle el reconocimiento por su victoria, Él hará que usted triunfe cada vez.

Notas

1. Ken Forsch, "Have It Your Way, Lord", *Guideposts* (Abril 1981), pp. 30–31.
2. Lester Sumrall, *You Can Conquer Grief Before It Conquers You* (Nashville: Thomas Nelson Publishers, 1981).

CAPÍTULO 11

EL SEÑOR ES PAZ (JEHOVÁ-SHALOM)

Durante la Segunda Guerra Mundial pasé tres meses predicando en lo que entonces eran las regiones del este de Polonia. Viajé por Minsk hasta Vilna, por toda la frontera rusa. ¡Qué experiencia tan emocionante! A veces podíamos oír los cascos de las tropas de caballería, y mi intérprete silenciaba mi predicación. Sabíamos que si los soldados descubrían que muchas personas se reunían en un lugar, todos acabaríamos en prisión.

¿Se imagina cómo se sentiría si fuera llevado a la prisión por alabar al Señor?

He predicado a cristianos en las cárceles de China. Esas personas a menudo no tienen nada salvo palos de bambú como paredes y un suelo sucio donde dormir. Tenían suerte si conseguían algo para comer. Muchos de ellos se morían de hambre o eran torturados hasta la muerte por su fe.

¿Se imagina cómo se sentiría adorando al Señor bajo esas condiciones?

Y sin embargo, parece que Dios reveló cosas preciosas sobre sí mismo a los israelitas cuando le adoraron en tiempos de problemas. Él mostró un nuevo nombre

Dios reveló cosas preciosas sobre sí mismo a los israelitas cuando le adoraron en tiempos de problemas.

para sí mismo, un nombre que les ayudó a entenderle mejor, en un tiempo de crisis nacional. Encontramos otro ejemplo de esto en Jueces 6. Este capítulo comienza contando cómo los madianitas estaban destruyendo los campos y aldeas de los israelitas, haciendo que sus vidas fueran miserables. Los madianitas querían expulsarlos de Canaán de una vez para siempre.

> *Y acampando* [los madianitas] *contra ellos destruían los frutos de la tierra, hasta llegar a Gaza; y no dejaban qué comer en Israel, ni ovejas, ni bueyes, ni asnos. Porque subían ellos y sus ganados, y venían con sus tiendas en grande multitud como langostas; ellos y sus camellos eran innumerables; así venían a la tierra para devastarla.* (Jueces 6:4–5)

Entonces Dios envió un profeta a los israelitas. La Biblia ni siquiera nos dice su nombre (véase versículo 8), sólo su mensaje. Esto es lo que dijo:

> *Así ha dicho Jehová Dios de Israel: Yo os hice salir de Egipto, y os saqué de la casa de servidumbre. Os libré de mano de los egipcios, y de mano de todos los que os afligieron, a los cuales eché de delante de vosotros, y os di su tierra; y os dije: Yo soy Jehová vuestro Dios; no temáis a los dioses de los amorreos, en cuya tierra habitáis; pero no habéis obedecido a mi voz.*
> (versículos 8–10)

Los israelitas estaban preocupados por sus enemigos, pero Dios dijo: "Esperen un minuto. ¿No recuerdan cómo los saqué de Egipto? ¿No recuerdan las victorias que les di sobre los cananeos cuando entraron por primera vez en esta tierra? ¿No les dije que no tuvieran miedo de los dioses paganos de estos pueblos? Están en este lío porque se olvidaron de mis promesas. Tienen miedo porque se han olvidado de lo poderoso que soy".

El poder de la alabanza

Dios les estaba recordando a los israelitas una de las verdades espirituales más olvidadas: el poder de la alabanza. Muchas veces nos afanamos tanto por tener la ayuda de Dios en cierto problema que nos olvidamos de darle gracias por lo que ya ha hecho al respecto; y cuando el problema se resuelve, solemos decir: "Bueno, de cualquier forma hubiera tenido igual estas bendiciones".

Cuando les cuento a las personas cómo Dios me sanó de tuberculosis cuando era un niño, a menudo me dicen: "Probablemente se hubiera sanado igualmente". Pero el doctor no pensaba así. Cuando llegó a nuestra casa y me examinó, escribió mi parte de defunción y lo dejó en el despacho de mi padre. "El niño no vivirá más de dos horas", dijo. "Mejor que comience a cavar su tumba".

Pero Dios hizo un milagro conmigo. Dios me sanó, y siempre le alabaré por ello.

Cuando me enfrento a un problema especialmente difícil y comienzo a orar por él, empiezo alabando a Dios por lo que Él ya ha hecho. Mi amigo Merlin Carothers hace lo mismo. Ha escrito varios libros sobre el poder de la alabanza.[1] Como capellán del ejército, descubrió que el mejor consejo que podía dar a los hombres sobre su vida de oración era este: *¡Comiencen alabando a Dios por lo que Él ya ha hecho!* Se sorprenderá del tremendo poder espiritual que se desata en un corazón agradecido.

Este profeta de Dios mencionado en Jueces recordó las cosas maravillosas que Dios había hecho por los israelitas. En ese tiempo de crisis nacional, Dios le hizo predicar un mensaje de agradecimiento. Dios comenzó a darles la victoria cuando los corazones de su pueblo fueron agradecidos.

"El Señor es paz"

Después Dios envió un ángel para escoger a un niño campesino llamado Gedeón para emprender una tarea militar. Dios llamó a Gedeón para que fuera el capitán de un nuevo ejército que saldría a luchar contra los madianitas. Gedeón se veía como un candidato muy poco apto para ese trabajo, así que Dios tuvo que darle algunas señales milagrosas para demostrarle que iba en serio con su llamado (véase Jueces 6:15–22). Al menos Gedeón se convenció, y aceptó así el llamado de Dios, y erigió un altar en ese mismo lugar como monumento de lo que Dios le había dicho:

> *Y edificó allí Gedeón altar a Jehová, y lo llamó Jehová-salom* [el Señor es paz]; *el cual permanece hasta hoy en Ofra de los abiezeritas.*
>
> (versículo 24)

¡Qué nombre tan sorprendente para ese lugar! "El Señor es paz". A pesar de la terrible amenaza del ejército madianita y la escasa fortaleza de la milicia israelita que Gedeón podía reunir contra ellos, a pesar de esa temible amenaza de guerra, Gedeón sabía que "el Señor es paz".

Si quiere vivir una doble vida, pareciendo ser muy religioso los domingos en la iglesia pero viviendo como el diablo el resto de la semana, Dios le dejará hacerlo. No obstante, no tendrá paz viviendo así, y se enfrentará a un daño eterno al final por vivir de esa manera. Pero Dios le da esa opción.

Si quiere vivir una doble vida, Dios le dejará hacerlo.

Por el contrario, si quiere sumergirse en la vida cristiana, y si quiere amar al Señor con todo su corazón, Él será para usted todo lo que fue para Gedeón y para los demás héroes de la Biblia. Las Escrituras nos dicen que Él es *"el mismo ayer, y hoy, y por los siglos"* (Hebreos 13:8). Él será el mismo Dios para usted que lo fue para Gedeón si está dispuesto a servirle fielmente.

El resto de Jueces 6 y 7 nos relata cómo Dios trajo una paz militar a Israel a través de Gedeón. Probablemente recuerde la historia de su escuela dominical de niño. Gedeón comenzó a juntar a un ejército de treinta y dos mil hombres. Pero Dios le dijo que dejase ir a los débiles y a los que tuvieran miedo hasta que se quedó con un ejército de sólo trescientos hombres. Con esos trescientos, algunos con tinajas de barro y otros con trompetas, Gedeón desalojó a los madianitas de su campamento y los envió de vuelta a casa, ¡sin tan siquiera luchar! *"Así fue subyugado Madián delante de los hijos de Israel, y nunca más volvió a levantar cabeza. Y reposó la tierra cuarenta años en los días de Gedeón"* (Jueces 8:28).

Dios puede traer paz a una nación, América necesita hoy su paz, tanto como la necesitaba Israel. Nuestro mayor conflicto no es con Irak o Irán ni ningún otro país; nuestro mayor conflicto es con los corazones egoístas de nuestra propia gente. Los americanos están en guerra con ellos mismos. Están intentando conseguir lo más posible por ellos mismos, aunque tuvieran que destruirse entre ellos para lograrlo. Debido a la avaricia, incluso aunque América tiene una cosecha abundante de trigo, el precio del pan no baja ni un centavo. En el distrito de Columbia, Los Ángeles y otras partes del país, el índice de divorcios es ahora más

Esta nación está agitada porque nuestra gente está gobernada por su propia naturaleza pecaminosa.

alto que el de matrimonio debido a la lujuria y el orgullo humano. Esta nación está agitada porque nuestra gente está gobernada por su propia naturaleza pecaminosa. Sólo el Señor Dios puede cambiar nuestra naturaleza. Sólo Él puede traer paz a nuestro país.

Puede que usted diga: "No creo lo mismo. No veo ninguna evidencia de lo que está usted diciendo". Eso es porque su alma está enferma con el pecado y necesita ser sanado. Necesita dejar que el Espíritu Santo de Dios limpie "*vuestras conciencias de obras muertas para que sirváis al Dios vivo*" (Hebreos 9:14). Avaricia, lujuria y orgullo son "*obras muertas*". Le darán una agonía constante en esta vida y un tormento eterno después. Necesita dejar que el Señor limpie esas cosas de su vida para que pueda servirle y tener paz para siempre.

Paz emocional

Dios puede dar a una nación paz militar. También puede darle un espíritu de paz que viene cuando uno sabe que es salvo. Pero hay otro tipo de paz que le puede dar, y quizá es el tipo de paz que usted necesita. Estoy hablando de la paz emocional.

Muchas personas viven controladas por sus emociones. Son como ondas del mar, que vienen y van todo el tiempo. En la mañana puede que estén "bien" y en la tarde puede que estén "mal". Un hombre llega a casa del trabajo y no está seguro de cómo se encontrará la casa porque no sabe si las emociones de su esposa estarán hoy "arriba" o "abajo". Eso es patético, pero muchas personas viven así en la actualidad. Si se levantan de la cama deprimidos, andan cabizbajos todo el día. Si están llenos de emoción por un aumento de sueldo, se sienten felices por un tiempo. Sin embargo, pronto sus emociones cambian, y su visión de la vida vuelve a cambiar al anterior estado.

Dios no quiere que vivamos vidas emocionalmente derrotadas. Observe lo que Pablo les dijo a sus amigos en Corinto, gente que era apta para dejar que sus emociones arruinaran sus vidas:

> *Mas gracias sean dadas a Dios, que nos da la victoria por medio de nuestro Señor Jesucristo. Así que, hermanos míos amados, estad firmes y constantes, creciendo en la obra del Señor siempre, sabiendo que vuestro trabajo en el Señor no es en vano.* (1 Corintios 15:57–58)

Dios espera que su pueblo viva victorioso y lleno de confianza.

Deberíamos ser "*firmes*" y "*constantes*" en nuestras emociones; deberíamos estar siempre "*creciendo en la otra del Señor*". Dios espera que su pueblo viva victorioso y lleno de confianza. No podemos vivir así por nosotros mismos, pero podemos vivir así por la gracia de Dios, "*que nos da la victoria por medio de nuestro Señor Jesucristo*".

"Hermano Sumrall", dirá usted, "¿significa eso que no tendremos problemas?".

No, la Biblia no quiere decir eso, pero sí quiere decir que cuando lleguen los problemas, Dios nos dará confianza para hacerles frente. Él será Jehová-Shalom en nuestras vidas. Él será nuestra paz.

Notas

1. Merlin R. Carothers, *Prison to Praise: A Radical Prayer Concept for Changing Lives* (Plainfield, N.J.: Logos International, 1970); *Power in Praise* (Plainfield, N.J.: Logos International, 1972).

Capítulo 12

El Señor está ahí (Jehová-Shamá)

El último versículo de la profecía de Ezequiel nos da un nombre intrigante para Dios. Observe lo que el profeta dice con respecto a la naturaleza de la nueva Jerusalén que Dios le reveló en la visión:

> *En derredor tendrá dieciocho mil cañas. Y el nombre de la ciudad desde aquel día será Jehová-sama.* (Ezequiel 48:35)

Dios reveló que este sería el nombre de la ciudad santa cuando Él la restaure a su anterior gloria: *Jehová-Shamá*, "El Señor está ahí". Pero no es sólo un nombre para la nueva Jerusalén; es un nombre que revela mucho acerca de la naturaleza de Dios mismo.

El Señor ha estado ahí

En primer lugar, el nombre revela que Dios escoge habitar en la ciudad santa. La Biblia muestra que Dios escogió la antigua ciudad de Jerusalén para ser el escenario de muchos acontecimientos cruciales. Allí, Abraham se encontró con el sacerdote-rey Melquisedec, quien le bendijo e intercedió a Dios por él (véase

Génesis 14:18–19). Allí David llevó el arca del pacto cuando recuperó la tierra de Canaán de los filisteos (véase 2 Samuel 6:12–19). Allí David y Salomón situaron el asiento de su gobierno (véase 2 Samuel 5:5–9). Allí los judíos que regresaron eligieron un nuevo templo y restablecieron la adoración sacrificial a Dios (véase Esdras 1:1–4). Allí Jesús hizo muchos milagros, enseñó en el templo y fue crucificado.

La Biblia llama a Jerusalén "*trono de Jehová*" (Jeremías 3:17), prediciendo que Dios creará una nueva Jerusalén para ser el asiento del poder de Cristo al final de los tiempos (véase Apocalipsis 21). Por tanto, es natural que la nueva Jerusalén sea llamada *Jehová-Shamá*. El Señor ha estado allí, físicamente y espiritualmente, y Él reinará en la nueva Jerusalén para siempre.

El Señor ha estado allí, físicamente y espiritualmente, y Él reinará en la nueva Jerusalén para siempre.

Si alguna vez ha visitado la actual Jerusalén, sabrá lo emocionante que es caminar por las calles donde caminaron Jesús y sus discípulos. ¡No es extraño que esta ciudad atraiga a más peregrinos que cualquier otro lugar religioso del mundo! El aire parece resonar con el drama de los acontecimientos bíblicos. Solamente el corazón más endurecido puede visitar esa ciudad sin sentir la atmósfera de propósito divino.

Yo he dirigido varios recorridos por Tierra Santa, y debo confesar que Jerusalén es mi parada favorita en ese recorrido. Cada vez que cruzamos esa última colina y la ciudad se ve, con el sol de la mañana brillando sobre sus desgastadas murallas de piedra, un escalofrío de emoción me recorre la espalda. Siento ganas de decir: "*Jehová-Shamá*, el Señor está aquí", porque Él está allí de manera única.

El Señor estará ahí, ¡con nosotros!

En segundo lugar, el nombre *Jehová-Shamá* nos recuerda que Dios escoge vivir entre los hombres. La nueva Jerusalén que Ezequiel vio no iba a ser una ciudad fantasma; estará llena del pueblo de Dios. Los santos de todos los tiempos vivirán allí y adorarán al cordero, "*y reinarán por los siglos de los siglos*" (Apocalipsis 22:5).

Este no es el lugar para comenzar un estudio detallado de la profecía bíblica; pero permita que diga al menos lo siguiente: creo que el Señor Jesucristo regresará a esta tierra. Creo que Él conquistará a Satanás y a todos sus sirvientes diabólicos de una vez para siempre. Creo que Él establecerá su reino, y todos los pueblos salvos de la tierra reinarán con Él. Y creo que todo sufrimiento, tristeza y dolor serán eliminados en ese reino. Las personas ya no batallarán para ganarse la vida, sino que vivirán para alabar al Hijo de Dios.

¿Sabe por qué creo esas cosas? Porque la Biblia las enseña. Lea los libros de Ezequiel y Daniel, o el gran libro de Apocalipsis, y verá el plan definitivo de Dios descrito con vívidos detalles. El Señor estará allí en su reino, ¡y nosotros estaremos con Él! ¡Qué glorioso pensamiento!

El Señor está aquí, ¡ahora!

En tercer lugar, y lo más importante para nuestras vidas en la actualidad, el nombre *Jehová-Shamá* nos recuerda que el Señor ya está viviendo entre su pueblo. Él ya está reinando en su corazón si es usted cristiano; ya ha establecido su trono en su vida si usted ha entregado su vida a Él. Hay personas que visten camisetas que anuncian su cerveza o sus zapatillas de deporte favoritas, pero la vida del cristiano debería anunciar quién vive en su interior. La vida del cristiano debería decir con igual valentía de lo que lo hace una camiseta: "*Jehová-Shamá*, el Señor está aquí".

El Señor entra en su vida en el momento en que usted es salvo. Si es usted cristiano, piense en cómo se sintió cuando se convirtió. ¿No se sintió maravillosamente? Yo fui salvo la noche en que Dios me sanó de tuberculosis cuando era adolescente, y nunca olvidaré el increíble gozo que inundó mi corazón. Cristo entró en mi corazón aquella noche.

Pero más adelante caí en una mala actitud que el Señor tuvo que corregir. Él me llamó al ministerio, pero yo comencé a quejarme sobre "tener que predicar". A veces incluso les gruñía a las personas que acudían a escucharme, porque hubiera preferido predicar en una casa vacía que predicar a personas reales que podían escuchar mis errores. Yo era nacido de nuevo, pero no había sido lleno con el Espíritu Santo de Dios. Cuando finalmente recibí su Espíritu, Él limpió esa mala actitud de mi vida. Él me dio un nuevo amor por mi congregación, y un nuevo celo por la obra a la que había sido llamado. "El Señor estaba allí" de manera aún más poderosa cuando fui bautizado con el Espíritu Santo.

Él me dio un nuevo amor por mi congregación, y un nuevo celo por la obra a la que había sido llamado.

Veo similitudes entre mi experiencia y el progreso de América. Nuestra nación ha cambiado de modo dramático en los últimos ciento cincuenta años. En los primeros tiempos de América, sus gentes eran delgadas y fuertes. La mayoría de los hombres podían tumbar un fuerte roble tan sólo con sus manos. Pero en la actualidad la mayoría de los hombres son tan débiles que ni siquiera pueden cortar leña para la chimenea. También hemos cambiado espiritualmente. En los primeros tiempos, una persona que era salva veía producirse en su vida cambios dramáticos. Dejaba los viejos hábitos de pecado y comenzaba a vivir como la "*nueva criatura*" (2 Corintios 5:17) que Dios quería que fuese.

En la actualidad, sin embargo, la mayoría de personas piensan que "ser salvo" es un bonito ritual por el que deberían pasar, pero no creen que sus vidas deberían cambiar mucho a causa de ello. Se aferran a los sucios hábitos que tenían anteriormente. Ponen excusas para no testificar, para no diezmar, y para ni siquiera asistir a los servicios de adoración. Cuando alguien era salvo en las reuniones de hace ciento cincuenta años, Dios le salvaba por completo; actualmente tenemos miles de personas que se quedan satisfechas con ser cristianos salvos a medias. Confiesan a Jesús con sus labios, pero no se puede ver ningún cambio en sus vidas.

Ahora bien, no menosprecio lo que Dios hace en las vidas de las personas en la actualidad. Su Espíritu Santo sigue obrando. Le veo obrando en mi propia congregación y en muchas congregaciones que he visitado; pero sí creo que la inmensa mayoría de cristianos profesantes no se han rendido por completo el control del Señor. Y creo que esos cristianos a medias hacen una burla de la verdad cuando señalan a sus propias vidas y dicen: "El Señor está aquí"; porque Él *no* está ahí de ninguna manera obvia.

Pienso en Charles G. Finney, quien practicaba derecho en la parte norte de la ciudad de Nueva York hace más de un siglo. Finney había asistido a algunas reuniones y había escuchado lo que el Señor podía hacer con una vida que estuviera totalmente rendida a Él. Finney había profesado ser cristiano, y pudo ver producirse algunos cambios en su vida desde que se convirtió, pero no podía realmente decir que el Señor le poseía por completo. Charles Finney seguía teniendo el control de su propia vida, y mientras lo hiciera, sabía que Dios le retendría su plena bendición.

Un día, Finney sintió tanta convicción acerca de su vida espiritual que cerró con llave la puerta de su oficina, salió a la calle y subió una pequeña colina arbolada para estar a solas. Se arrodilló delante del Señor y se rindió por completo al Espíritu Santo de Dios. Aquel fue el comienzo de un maravilloso ministerio para el joven Finney. Comenzó a predicar en grandes reuniones evangelísticas en las ciudades por todo el oeste de los Estados Unidos. El nombre de Finney ha pasado a la historia como uno de los más grandes predicadores que esta nación haya conocido jamás, porque él estuvo dispuesto a abandonar el asiento del conductor y permitir que el Señor ocupase el mando. El Señor estaba allí.

Debemos estar dispuestos a abandonar el asiento del conductor y permitir que el Señor ocupe el mando.

El Señor puede hacer lo mismo con usted. Si está usted dispuesto a "presentar su cuerpo como sacrificio vivo" sobre el altar de la plena entrega al Señor, Él llenará su vida de Él mismo. Él dejará que su Espíritu brille por medio de su vida. Sus amigos ya no verán el espíritu de John Smith o María en todo lo que usted haga; verán al espíritu de Cristo. El Señor estará allí, ¡en usted!

El Señor está ahí en los problemas

Qué maravilloso es poder decir: "Tengo un refugio de mis problemas. Tengo Alguien a quien puedo acudir. Tengo un Amigo que me consuela a pesar de lo que suceda". Eso es exactamente lo que el Señor le promete.

La Biblia dice:

Dios es nuestro amparo y fortaleza, nuestro pronto auxilio en las tribulaciones. Por tanto, no temeremos, aunque la tierra sea removida, y se traspasen los montes al corazón del mar; aunque bramen y se turben sus aguas, y tiemblen los montes a causa de su braveza.

(Salmos 46:1–3)

Todo en su vida puede ponerse bocabajo, pero el Señor seguirá estando ahí para consolarle y ayudarle. Esa es una de las promesas más preciosas de su Palabra, y muchas veces Él me ha demostrado esa promesa.

Como mencioné anteriormente, hace unos años perdí a cinco de mis mejores amigos en un accidente de avión.[1] La tristeza de aquel día parecía mayor de lo que yo podía soportar; pero el Señor estuvo a mi lado, incluso entonces. Él me alentó cuando yo creía que no podía predicar debido a mi tristeza. Él me ministró mediante las palabras de mi esposa, mi familia y los miembros de mi congregación. Sigue habiendo momentos en que se me forma un nudo en la garganta cuando pienso en aquella tragedia. Pero el Señor me recuerda que Él me sigue amando, y que tiene a aquellos queridos amigos en la gloria con Él en este momento.

Pero hay un amigo mayor incluso que nuestros mejores amigos humanos. La Biblia dice: "*El hombre que tiene amigos ha de mostrarse amigo; y amigo hay más unido que un hermano*" (Proverbios 18:24).

Ese Amigo es Jesucristo. Puede que usted tenga muchos amigos, y cree que acudirán en su ayuda cuando tenga problemas; pero podría descubrir que la mayoría de ellos son "amigos en las buenas". Les gusta ayudarle siempre que usted esté prosperando, pero cuando tenga problemas, parece que desaparecen. Jesús nunca hace eso. Él es "*más unido que un hermano*", incluso cuando el resto de sus amigos le abandonen. El Señor está ahí en los momentos de problemas.

El Señor está ahí en la soledad

Debo confesar que no puedo recordar que alguna vez me haya sentido solo. Hasta que tuve diecisiete años de edad, estuve rodeado por una fuerte familia. Entonces acepté a Jesucristo como mi Salvador, y Él ha estado conmigo desde entonces. Él me ha dado amigos dondequiera que he viajado, porque Él me hizo parte de la maravillosa familia de Dios.

Cuando estoy en China, creo que soy chino; cuando estoy en Filipinas, creo que soy filipino (¡casi tengo que mirarme en un espejo para entender que no lo soy!). En serio, he descubierto una comunión tan natural con el pueblo de Dios en cada país del mundo que no puedo recordar estar solo mientras he ministrado en su nombre.

Vivimos en una época de corazones endurecidos, en la que las personas parecen haber perdido el amor de la familia.

Pero sé que la soledad es un doloroso problema para muchas personas. He visitado a viudas que están sentadas en la sala de su casa mirando por la ventana durante horas y horas. He estado con pacientes de cáncer que rara vez ven a sus amigos o familiares, y con estudiantes universitarios cuyas familias parecen haberse olvidado de ellos. Vivimos en una época de corazones endurecidos, en la que las personas parecen haber perdido el amor de la familia y los amigos que era tan común tan sólo hace una generación. Millones de personas se sienten solas porque nadie toma tiempo para decirles: "Me interesó por ti".

Pero el Señor se interesa.

La Biblia dice: "*Porque Jehová el Señor me ayudará, por tanto no me avergoncé... Cercano está de mí el que me salva; ¿quién contenderá conmigo? Juntémonos*" (Isaías 50:7–8). Y también dice: "*Cercano estás tú, oh Jehová, y todos tus mandamientos son verdad*" (Salmos 119:151). Y de nuevo: "*Buscad a Jehová mientras puede ser hallado, llamadle en tanto que está cercano*" (Isaías 55:6). ¿Puede haber alguna duda de que el Señor está con usted hoy, le reconozca o no? Él se interesa por usted; quiere ayudarle. Él está más cerca de usted que ningún ser humano porque Él le creó y su Espíritu y le habla. Pero mientras usted le rechace, se sentirá solo. Realmente no estará solo, pero se sentirá solo porque se ha apartado al Dios que está ahí.

Francis A. Schaeffer ha escrito un libro titulado *He Is There, and He Is Not Silent* [Él está ahí, y no está en silencio]. Yo creo que hay una maravillosa verdad en ese título. El Dios a quien servimos es *Jehová-Shamá*, el Señor que está ahí, y Él nos habla a cada uno de nosotros en lo profundo de nuestro espíritu. Algunos escogen rechazarle. Se denominan a sí mismos ateos, agnósticos o alguna otra cosa. Pero todos sus elevados argumentos intelectuales en contra de la existencia de Dios no cambian el hecho de que Él esté ahí, dentro de nosotros. Él no está en silencio. El escritor William J. Kirkpatrick lo expresó de modo muy hermoso cuando escribió las siguientes líneas:

> Jesús, mi Salvador, lo es todo para mí,
> Oh, qué maravilloso Salvador es Él;
> Me guía y protege de las olas de la vida,
> Poderoso libertador—Jesús para mí.
>
> Jesús en enfermedad, Jesús en salud,
> Jesús en pobreza, comodidad o riqueza,
> Sol o tempestad, sea lo que sea,
> Él es mi seguridad—Jesús para mí.
>
> Jesús en tristeza, en alegría o en dolor,
> Jesús mi Tesoro en pérdida o beneficio,

Constante Compañero, donde yo esté,
Viviendo o muriendo—¡Jesús para mí!

Jesús es *Jehovah-Shamá*, el Señor que está ahí cuando más le necesitamos. Es como un Compañero invisible que intenta obtener su atención y mostrar que está "a su lado", pero usted debe aceptarle y reconocerle.

El Señor está ahí en la persecución

Con frecuencia he sido perseguido a causa de mi ministerio. Cuando era misionero en el Tíbet, los oficiales budistas intentaron expulsarme del país. Cuando era pastor en Filipinas, los brujos intentaron alejarme de sus aldeas. Incluso como pastor en South Bend, a veces soy perseguido. A los políticos no siempre les gustan las posturas que adopto en temas contemporáneos, e intentan silenciarme. Hombres de negocios han intentado hacerse con el control del ministerio LeSEA. He sido presionado y amenazando. Pero gracias a Dios, siempre he sabido que el Señor me ayudaría a atravesar todos esos problemas.

Jesús advirtió a sus discípulos:

> *De cierto os digo que no hay ninguno que haya dejado casa, o hermanos, o hermanas, o padre, o madre, o mujer, o hijos, o tierras, por causa de mí y del evangelio, que no reciba cien veces más ahora en este tiempo; casas, hermanos, hermanas, madres, hijos, y tierras, con persecuciones; y en el siglo venidero la vida eterna.*
> (Marcos 10:29–30)

Mire, Jesús quería que ellos supieran lo que podían esperar; una casa (Él siempre proporcionaría cobijo en algún lugar); hermanos, hermanas, madres e hijos (espiritualmente hablando); tierras (cuando fuese necesario);

"*con persecuciones*". Los cristianos tendremos grandes privilegios, sí; pero soportaremos persecución a lo largo del camino. Deberíamos esperar persecución; y deberíamos saber que el Señor está con nosotros, incluso en los momentos de persecución.

Si es usted cristiano, necesita desarrollar una relación tan cercana con el Señor que esté preparado para la persecución. Necesita *digerir* la Palabra de Dios de modo que sepa qué hacer cuando sea perseguido. Necesita estar tan fortalecido con la Palabra y el Espíritu de Dios que pueda ser capaz de prosperar cuando llegue la persecución. Necesita estar listo para decir: "Esto me llevará más cerca del Señor. Esto me hará más maduro en el Señor. Gracias por este problema, Señor, porque sé que será para mi bien".

Debe estar fortalecido con la Palabra y el Espíritu de Dios de modo que prospere cuando llegue la persecución.

Como mencioné en un capítulo anterior, cuando yo era un muchacho, las familias cristianas decoraban sus casas con lemas sacados de la Escritura. Eso no se ve mucho en estos tiempos. Con frecuencia estaban hechos con cartones pintados y letras de terciopelo. Recuerdo estar sentado en la mesa de nuestra sala y ver a mamá señalar hacia una frase que había en la pared y decía: "Cristo es la Cabeza de esta casa; el Invitado invisible en cada comida; quien escucha en silencio cada conversación". Ese sencillo lema nos recordaba que el Señor estaba allí, viviendo entre nosotros, a pesar de lo difícil que pudiera ser el camino. (Y créame, ¡el camino se puso bastante difícil durante la Gran Depresión!).

Muchas veces he dicho en mi programa de televisión que si usted es lo que Dios quiere que sea, y está haciendo lo que Dios quiere que haga, ¡cuando el diablo le llame encontrará la línea ocupada! Pero si usted es perezoso, o está haciendo algo que no ha sido ordenado por el Señor, el diablo obtendrá una "línea abierta" para hablar con usted.

Amigo, que el lema de su casa sea *Jehová-Shamá*, "el Señor está ahí". Manténgase muy ocupado en la obra del Señor leyendo su Palabra y dedicándose a la oración. Si hace eso, el Señor hará de usted la persona que debería ser delante de sus ojos.

MI ORACIÓN POR USTED

Oh Señor, sabemos que todo en nuestras vidas obrará para tu gloria si tú estás en ello. Estamos muy contentos porque tú eres el Señor que siempre está presente en nuestras vidas. Y oramos para que podamos reconocer tu presencia de manera más plena por el modo en que vivimos.

Señor, te doy gracias por la persona no salva que pueda estar leyendo estas palabras. Oro para qué tú des convicción a esa persona de sus pecados y le hagas entender lo desesperada que es la necesidad de exaltarte a ti como el Señor de la vida. Perdona a ese pecador y toma el control de ese corazón en este momento.

Y, Señor, te doy gracias por el cristiano a medias que pueda estar leyendo estas palabras. Que esa persona anhele ser tuya por completo. Que rinda todas las cosas que han sido retenidas de ti, y que te entregue a ti los controles de esa vida. Llénala con tu Espíritu Santo para que el mundo pueda mirar esa vida y decir: "*Jehová-Shamá*, el Señor está ahí". Y por eso te daremos la alabanza. Amén.

Recuerde: ¡el Señor de los ejércitos está ahí para pelear sus batallas por usted!

"¿QUÉ DEBO HACER PARA SER SALVO?"

El apóstol Pablo y su compañero misionero, Silas, fueron encarcelados en Filipo por predicar de Jesús. Cuando estaban en la cárcel, oraban y cantaban alabanzas a Dios "*y los presos los oían*" (Hechos 16:25). Ellos eran testigos del Señor, incluso en la cárcel. Mientras cantaban y oraban, un ángel del Señor sacudió la cárcel con un fuerte terremoto. El carcelero se despertó, creyendo que todos los prisioneros se habrían escapado; por tanto, agarró su espada para suicidarse. Pero Pablo gritó: "*No te hagas ningún mal, pues todos estamos aquí*" (versículo 28).

El carcelero agarró una antorcha y corrió hasta su celda, cayendo de rodillas a causa del temor. Dijo: "*Señores, ¿qué debo hacer para ser salvo?*" (versículo 30).

Esa ha sido la pregunta de la humanidad desde el comienzo mismo del tiempo: *¿Qué debo hacer para ser salvo de mi pecado? ¿Qué debo hacer para ser liberado del temor y el dolor que tengo?* Pablo y Silas estaban preparados para responder al carcelero. Dijeron: "*Cree en el Señor Jesucristo, y serás salvo, tú y tu casa*" (versículo 31).

Ahora bien, si Jesús fuese otro maestro religioso, este consejo habría sido inútil. El mundo ha conocido a muchos maestros religiosos, pero ninguno de ellos ha sido capaz de salvar a las personas del pecado, el temor, el sufrimiento y la muerte. ¿Se imagina lo necios que habrían parecido Pablo y Silas si hubieran dicho: "Cree en Sócrates, y serás salvo"? O si hubieran dicho: "Cree en Buda, y serás salvo". ¡Eso habría sido ridículo! Ninguna cantidad de enseñanza religiosa puede salvar del pecado una persona.

Pero Pablo y Silas dijeron: "Cree en el Señor Jesucristo, y serás salvo". El apóstol Pedro dijo: "*Y en ningún otro hay salvación; porque no hay otro nombre bajo el cielo, dado a los hombres, en que podamos ser salvos*" (Hechos 4:12). El apóstol Juan dijo: "*vuestros pecados os han sido perdonados por su nombre*" (1 Juan 2:12).

El nombre de Jesús es poderoso porque Jesús mismo es poderoso. Solamente Él puede salvarnos de nuestros pecados, porque Él es Dios encarnado. Todos los nombres de Dios que hemos estudiado en este libro se aplican a Jesús, porque Él es Dios. Él es justo; Él es todopoderoso; Él es conquistador; Él es sanador. Cada uno de esos atributos es cierto de Jesucristo, porque Él es Dios mismo.

Quizá se esté haciendo la misma pregunta que tenía el carcelero de Filipo. Quizá las cargas de su vida sean mayores de lo que usted puede soportar. Puede que se pregunte: "¿Cómo puedo ser salvo de este lío en el que estoy? ¿Cómo puedo ser liberado del sufrimiento de vivir como vivo?".

Si es así, ¡tengo buenas noticias para usted! Son las mismas buenas noticias que Pablo y Silas le dieron al carcelero: crea en el Señor Jesucristo, y será salvo. Toda su familia puede ser salva si entregan sus vidas a Él.

Pasos para la salvación

Los siguientes son algunos sencillos pasos que puede usted seguir para aceptar al Señor Jesucristo allí donde esté:

1. *Arrepiéntase de sus pecados.* La palabra *arrepentirse* significa "alejarse de". Cuando Juan el Bautista presentó a Jesús al pueblo de su época, dijo: "*Arrepentíos, porque el reino de los cielos se ha acercado*" (Mateo 3:2). Pedro dijo: "*Arrepentíos, y bautícese cada uno de vosotros en el nombre de Jesucristo para perdón de los pecados*" (Hechos 2:38). Ese es su primer paso para ser salvo. Admita que ha estado pecando contra Dios, y decida que quiere alejarse de ese modo de vida de pecado.

2. *Confiese que Jesús es su Salvador.* En otras palabras, admita que Jesús es el único que puede salvarle de sus pecados. Él murió en la cruz del Calvario para que usted no tuviera que morir en pecado. Usted no puede ganarse su entrada al cielo intentando hacer el bien; sólo puede confiar en que Él le salvé con su sangre sacrificial. Necesita confesarle a Él ese hecho, y confesarlo a sus amigos. La Biblia dice: "*que si confesares con tu boca que Jesús es el Señor, y creyeres en tu corazón que Dios le levantó de los muertos, serás salvo*" (Romanos 10:9).

3. *Crea que Dios le dará vida eterna porque ha puesto su confianza en Jesús.* Esto implica algo más que tan sólo aceptar con su mente lo que la Biblia dice sobre Jesús. Significa aceptar la promesa de Dios con todo su corazón, su mente y sus fuerzas. Satanás intentará hacerle dudar de la promesa de Dios, pero Dios nunca se retracta de su Palabra. "*Y esta es la promesa que él nos hizo, la vida eterna*" (1 Juan 2:25).

Puede usted dar estos pasos en este momento, dondequiera que esté. La salvación debe quedar zanjada entre usted y Dios, y puede hacerlo sin que ninguna otra persona le ayude. Pero si le resulta difícil comenzar con su oración a Él, podría probar la siguiente sencilla oración:

> Señor, sé que soy pecador. No estoy viviendo como tú quieres que viva, y nunca puedo vivir de ese modo en mi propia fuerza. Pero Señor,

quiero sacar el pecado de mi vida de una vez por todas, y comenzar a vivir para ti. Por tanto, por favor perdóname por lo que he hecho.

Creo que tú puedes salvarme de mis pecados, porque moriste en la cruz y resucitaste. Confieso que tu preciosa sangre puede limpiar el pecado de mi vida. Sólo tú puedes hacer que yo sea la persona que debiera ser, y por eso rindo mi vida a ti.

Gracias por escuchar mi oración, Señor. Y muchas gracias por la vida eterna que me has dado por medio de tu muerte y resurrección del sepulcro. Te doy toda la alabanza por lo que vas a hacer en mi nueva vida. Creo tu Palabra cuando dice que soy ahora una "*nueva criatura*" (2 Corintios 5:17). Creo que todas las cosas viejas pasaron, y ahora soy completamente diferente. Gracias por hacerme nuevo, Señor. Amén.

Espero que esa sea su oración hoy. Estoy orando para que este estudio haga que usted acepte a Jesús como su Salvador si todavía no lo ha hecho. Cuando lo haga, le alabará a Él junto con el escritor de himnos Edward Perronet, que dijo:

¡Todos adoren el poder del nombre de Jesús!
Que los ángeles se postren;
Saquen la tiara real,
¡Y le coronen Señor de todo!

ACERCA DEL AUTOR

Lester Sumrall (1913–1996), pastor y evangelista de renombre mundial, entró en el servicio a Dios a tiempo completo después de experimentar lo que él recordaba como lo más dramático e importante que le sucedió jamás.

A los diecisiete años de edad, cuando estaba en su lecho de muerte sufriendo de tuberculosis, recibió una visión: suspendido en el aire a la derecha de su cama había un ataúd; a su izquierda había una gran Biblia abierta. Oyó las siguientes palabras: "Lester, ¿cuál de estas cosas escogerás esta noche?". Él tomó su decisión: predicaría el evangelio mientras viviera. Cuando se despertó a la mañana siguiente, estaba totalmente sano.

El Dr. Sumrall ministró durante más de 55 años en más de 110 países, incluyendo la Siberia soviética, Rusia, Tíbet y China.

En el año 1987 estableció Feed the Hungry. Además, escribió más de 130 libros. Su asociación evangelística (LeSEA), con sus oficinas centrales en South Bend, Indiana, sigue difundiendo activamente la Palabra de Dios. La meta del Dr. Sumrall era ganar un millón de almas para el reino de Dios, y el ministerio continúa con esa visión. El ministerio LeSEA incluye esfuerzos de alcance como el instituto bíblico World Harvest Bible College, un ministerio de enseñanza mediante audio y numerosas publicaciones. Sumrall también fundó Le-Sea Broadcasting, que posee y opera estaciones de televisión cristianas, una estación de radio local, y una estación de radio internacional de onda corta, con el propósito especial de llevar millones de almas al cielo.